desafios

Movimentos populares na Idade Média

José Rivair Macedo

Licenciado em História pela Universidade de Mogi das Cruzes (SP)
e Doutor pela Faculdade de Filosofia, Letras e Ciências Humanas da USP.
Leciona na Universidade Federal do Rio Grande do Sul.
É sócio-correspondente da Academia Portuguesa da História
e pesquisador do Conselho Nacional de Desenvolvimento
Científico e Tecnológico.

3ª edição
São Paulo, 2013
2ª impressão

CB003261

MODERNA

© **JOSÉ RIVAIR MACEDO, 2013**

1ª edição, 1993
2ª edição, 2003

COORDENAÇÃO EDITORIAL: Lisabeth Bansi
ASSISTÊNCIA EDITORIAL: Paula Coelho, Patrícia Capano Sanchez
PREPARAÇÃO DE TEXTO: Ana Catarina F. Nogueira
COORDENAÇÃO DE EDIÇÃO DE ARTE: Camila Fiorenza
DIAGRAMAÇÃO: Silvia Massaro
CAPA: Caio Cardoso
IMAGENS DE CAPA: ©Rui Ferreira/Shutterstock; ©Album/Oronoz/Latinstock – Biblioteca Nacional da França, Paris; ©John Silva/Shutterstock
COORDENAÇÃO DE REVISÃO: Elaine C. Del Nero
REVISÃO: Nair Hitomi Kayo
PESQUISA ICONOGRÁFICA: Mariana Veloso Lima e Vanessa Volk
COORDENAÇÃO DE BUREAU: Américo Jesus
TRATAMENTO DE IMAGENS: Arleth Rodrigues
CARTOGRAFIA: Anderson de Andrade Pimentel, Luís Moura
PRÉ-IMPRESSÃO: Alexandre Petreca, Everton L. de Oliveira Silva, Hélio P. de Souza Filho, Marcio Hideyuki Kamoto e Vitória Sousa
COORDENAÇÃO DE PRODUÇÃO INDUSTRIAL: Arlete Bacic de Araújo Silva
IMPRESSÃO E ACABAMENTO: Corprint Gráfica e Editora Ltda.

Dados Internacionais de Catalogação na Publicação (CIP)

(Câmara Brasileira do Livro, SP, Brasil)

Macedo, José Rivair, 1962-
Movimentos populares na Idade Média / José Rivair Macedo.
– 3. ed. reformulada. – São Paulo : Moderna, 2013.
– (Coleção desafios)

ISBN 978-85-16-08474-5

1. Idade Média – História (Ensino fundamental)
2. Movimentos sociais 3. Livros de leitura I. Título. II. Série.

12-14020	CDD - 372.412

Índices para catálogo sistemático:
1. Livros de leitura : Ensino fundamental   372.412

EDITORA MODERNA LTDA.
Rua Padre Adelino, 758 – Belenzinho
São Paulo – SP – Brasil – CEP 03303-904
Vendas e atendimento: Tel. (011) 2790-1300
Fax: (011) 2790-1501
www.modernaliteratura.com.br
2014

Impresso no Brasil

DE ACORDO COM AS NOVAS NORMAS ORTOGRÁFICAS

À Ana Clara,
para que desde cedo aprenda a cultivar e a amar os livros.

Sumário

Apresentação

A EXPRESSÃO IDADE MÉDIA DESIGNA o período cronológico da história europeia que começa com o surgimento da Igreja e dos reinos bárbaros, nos séculos IV e V da era cristã, e termina com a expansão marítima no século XV, com o aparecimento da imprensa, o Humanismo renascentista e a formação do sistema colonial promovido pela Europa na África, Ásia e América. Período importante da formação do Ocidente, não pode mais ser visto como sinônimo de atraso, intolerância e barbárie.

Há várias razões para conhecermos melhor aquela época. O que sabemos, por exemplo, do modo de vida do camponês, do artesão, do trabalhador em geral, isto é, das pessoas comuns que integravam a sociedade de então? Qual a posição da camada mais pobre da população quanto ao poder que a oprimia? Quais as consequências dos desequilíbrios sociais daquela época?

Este livro pretende enfocar a situação das camadas populares e as manifestações sociais do medievo. Estes são aspectos que, em nosso entender, interessam sempre, tornando atual o estudo da história. No resgate da memória popular, colaboramos para preservar a nossa própria memória. Nas lutas de antepassados distantes, encontramos pontos de comparação para a reflexão a respeito de nossos próprios problemas do presente.

1. Os homens de outros homens (séculos V-XI)

UM MOVIMENTO POPULAR SURGE quando as pessoas que vivem dentro de uma determinada organização social manifestam-se, pacificamente ou não, contra os representantes do poder estabelecido. Há vários nomes para designar esse ato: rebelião, insurreição, sublevação, levante, sedição, motim. A história das sociedades humanas conheceu infinitos movimentos dessa natureza. Ao estudá-los, temos oportunidade de refletir sobre os fundamentos das relações de poder e, mais importante que isso, encontramos condições para compreender formas de resistência por parte das camadas sociais que vivem sob algum tipo de dominação.

Por que as revoltas acontecem? Quem participa delas? Como se constituem? Como são vistas, controladas ou reprimidas pelo poder estabelecido? As respostas para essas questões dependem sempre do conhecimento que temos a respeito da forma como as pessoas se encontram organizadas social, política e economicamente. Antes de tratar das agitações e levantes populares ocorridos na Idade Média, tema do nosso livro, debateremos um pouco sobre as estruturas de poder consolidadas naquele período da história.

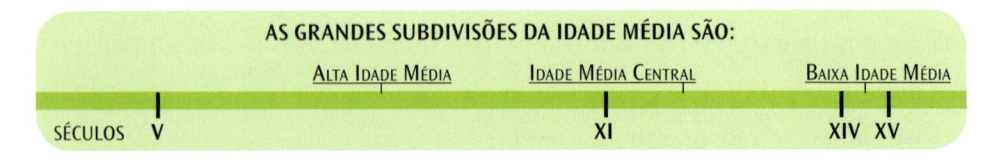

AS GRANDES SUBDIVISÕES DA IDADE MÉDIA SÃO:

ALTA IDADE MÉDIA	IDADE MÉDIA CENTRAL	BAIXA IDADE MÉDIA

SÉCULOS V | XI | XIV XV

DA ANTIGUIDADE À IDADE MÉDIA

Do ponto de vista da organização política, o marco inicial que separa a história antiga da história medieval é a queda do Império Romano do Ocidente, ocorrida no ano 476 de nossa era. A desagregação e o desaparecimento desse império, entretanto, fazem parte de um processo que tem início muito antes dessa data, e que envolve problemas de caráter econômico, social e cultural.

Na Antiguidade, os elementos essenciais da estrutura socioeconômica vinculavam-se ao campo. Em Roma, os imperadores, os senadores, as famílias abastadas de grandes proprietários de terras e os ricos mercadores viviam nas cidades, mas o produto de sua riqueza era obtido com base na exploração do trabalho escravo proveniente do campo. Por meio das guerras, organizadas pelo Estado e sustentadas pelo exército, Roma canalizava riquezas, tributos, súditos e, principalmente, escravos.

A crise dessa estrutura socioeconômica escravista transformou lentamente o panorama geral da Europa, dando origem a uma estrutura nova, denominada feudalismo, que se desenvolveu no período medieval.

O Império Romano estava desmoronando. Sua expansão territorial deixara de ocorrer desde o século II da era cristã. O abastecimento dos instrumentos vivos

© Mountainpix/Shutterstock – Basílica de Sant'Apollinare Nuovo, Ravena, Itália

Mosaico de 526, com a fachada do palácio do rei Teodorico, pertencente a um dos povos de origem germânica, os ostrogodos. Afresco da Basílica de Sant'Apollinare Nuovo, Ravena, Itália.

Cena cotidiana de trabalho no campo. Ilustração de mosaico bizantino feito no século V d.C.

de trabalho, ou seja, dos escravos, foi diminuindo. O peso da máquina do Estado continuou o mesmo, sem encontrar apoio nas estruturas socioeconômicas, entrando num lento processo de enfraquecimento. O aumento dos impostos gerou graves convulsões sociais. O exército, mal pago, escapou do controle dos imperadores. As regiões conquistadas, insubmissas, rebeladas, ou atacadas, exigiam constante vigilância.

Os reinos germânicos: séculos V-XI.

Em meio à crise interna, somou-se um outro problema: povos seminômades provenientes do norte da Europa adentraram as fronteiras romanas, mesclando-se pacificamente com as populações do império ou, então, dominando-as depois de ataques e pilhagens.

Assim, ao longo dos séculos IV e V, tanto os problemas internos (crise de mão de obra, dificuldades administrativas) como os problemas externos (invasões germânicas) atuaram conjuntamente na sociedade, acelerando o processo de fragmentação em curso. As porções orientais do Império Romano (Grécia e parte do Oriente Médio) permaneceram sob controle de dinastias sediadas em Constantinopla, vindo a formar o Império Bizantino — que continuaria a existir até 1453. Na parte ocidental, áreas consideráveis da Europa caíram sob o poder dos governantes germânicos (mapa ao lado).

Com a queda de Roma, o poder político foi sendo cada vez mais privatizado e descentralizado, controlado antes por indivíduos do que por órgãos e repre-

Elmo anglo-saxão, possivelmente do século VII, encontrado em 1939 no sítio arqueológico de Sutton Hoo, na região do Suffolk, Inglaterra.

Fivela em ouro, arte anglo-saxã.

© Album/akg-images/Latinstock - The British Museum, London

© Dea Picture Library/De Agostini/Getty Images – The British Museum, London

sentações coletivas. Após o século V, a autoridade deixou de ser exercida apenas por um chefe (o imperador), passando a haver diversos reis, cada um em seu próprio reino. Muito tempo depois, nos séculos X e XI, momento de apogeu do feudalismo, a autoridade dos reis acabou nas mãos de vários senhores de cada um dos reinos.

No início do século IX, um dos reinos bárbaros ganhou importância na Europa: o reino dos francos. No governo de Carlos Magno (768-814), na verdade, o reino tornou-se um novo império: o Império Carolíngio. No final desse século, e principalmente ao longo do seguinte, os sucessores de Carlos Magno foram, porém, perdendo o controle sobre os territórios governados.

Dentro das terras do Império Carolíngio fortaleceram-se condados e ducados, isto é, principados, regiões independentes controladas por importantes famílias de nobres (condes, duques), ou, então, por importantes membros da Igreja (bispos, abades). Era a esses grandes príncipes que a população recorria em épocas de dificuldade ou em períodos de insegurança provocada pelos sucessivos ataques de guerreiros saqueadores, entre os quais os húngaros, na Europa central, e os vikings, que a partir do século IX atacavam comunidades rurais e urbanas nos atuais territórios da França e Inglaterra.

Embarcações *vikings* durante os ataques ao litoral da Inglaterra no fim do século IX. Ilustração do documento manuscrito intitulado *Miscellany of life of St. Edmond.*

© Pakmor/Shutterstock

Os castelos eram construídos em locais de difícil acesso, para desempenharem a função de centro de defesa militar. À semelhança de outros, o castelo de Najac, situado na antiga província de Rouergue, Languedoc, França, situa-se na parte mais alta da comunidade.

© John Silva/Shutterstock

O castelo da cidade de Óbidos, em Portugal, era um centro de defesa militar, como tantos outros castelos da mesma época. Atualmente, é usado como pousada.

No século XI, a autoridade dos príncipes locais foi, por sua vez, afetada por esse processo de enfraquecimento da autoridade pública. Muitos antigos funcionários da nobreza, como os viscondes e os castelões, apropriavam-se de direitos sobre fortalezas, castelos, aldeias. O poder, nessa época, chegou ao limite da fragmentação, ficando sob controle de poderes localizados em cada condado, ducado, enfim, em cada um dos milhares de domínios senhoriais existentes.

Completava-se, dessa maneira, o modo de organização social que denominamos sociedade feudal, ou simplesmente feudalismo.

PRESTÍGIO FAMILIAR E INFLUÊNCIA PESSOAL NO FEUDALISMO

O conceito de feudalismo era desconhecido na Idade Média. Foi inventado pelos críticos da nobreza, entre os séculos XVII e XVIII, e desenvolvido por historiadores nos séculos XIX e XX. Designa o modo de organização social baseado em relações pessoais de aliança entre homens livres, e de dependência e subordinação pessoal dos homens não livres, mediante a concessão de proteção militar e bens ou direitos e a exploração da terra.

Entre os homens plenamente livres, sobretudo os da nobreza, as relações eram de aliança entre senhores e vassalos, os primeiros oferecendo um bem, um feudo, em troca da fidelidade e apoio dos segundos. Entre os livres e nobres e os não livres, as relações se baseavam na subordinação dos camponeses, que em troca de proteção passavam a dever obediência e a pagar determinados impostos e rendimentos resultantes do trabalho nos domínios territoriais pertencentes aos feudos.

Na maior parte dos casos, o feudo consistia em terras de extensão variável, podendo compreender vastos territórios ou limitar-se a uma pequena propriedade. Poderia ser um castelo ou o direito de receber determinados impostos, o direito de cunhar moedas, ocupar cargos ou desfrutar privilégios ou isenções fiscais. Isso quer dizer que, na Idade Média, a base de poder econômico dos grupos dominantes da sociedade estava no controle da produção e dos rendimentos da terra. Vejamos como isso se deu.

Com a queda do Império Romano do Ocidente, houve uma grande reviravolta no Ocidente. As relações comerciais e o artesanato urbano se enfraqueceram. As cidades lentamente perderam parte da população, pois um grande número de pessoas migrou para o campo. As atividades econômicas tornaram-se quase exclusivamente rurais.

Ao longo da Alta Idade Média (do século V ao XI), as atividades agrárias proporcionavam em geral um baixo índice de produtividade. As pessoas plantavam e colhiam visando basicamente ao necessário para a sobrevivência. A terra representava o principal indicador de riqueza. A posição social e econômica de um indivíduo ou de uma família dependia da quantidade e da qualidade da terra cultivada.

As famílias aristocráticas eram justamente aquelas que, em troca dos serviços administrativos e militares prestados aos reis, recebiam como benefício terras ou direitos sobre terras. Os arrendatários pobres, chamados colonos, permaneciam sob o controle desse grupo.

Senhores e vassalos na ilustração de um manuscrito germânico do século XIV, o *Sachsenspiegel* (Espelho dos saxões).

Selo do século XII, pertencente a Raimundo VI, que era conde de Toulouse na passagem do século XII-XIII O personagem aparece montado, com o armamento pesado utilizado pelos integrantes da cavalaria.

Essas mesmas famílias, por sua vez, em geral acabavam adquirindo a posse de terras de camponeses livres, inserindo-os sob sua esfera de proteção militar e dependência pessoal. Numa época de guerras constantes, de dificuldades econômicas, de insegurança geral, inúmeros camponeses preferiram perder a propriedade — e às vezes a própria liberdade — em troca de segurança.

A Igreja, representante da religião oficial adotada na Europa desde o século IV, foi a única instituição que conseguiu, bem ou mal, manter-se unida, adquirindo enorme independência em relação aos reis. Tornou-se grande proprietária de terras e acomodou-se ao estado de coisas vigente. Bispados, abadias e mosteiros possuíam vastos domínios rurais, controlando comunidades camponesas que ocupavam suas propriedades. Ao mesmo tempo, a Igreja acumulava grande autoridade religiosa e também autoridade política, sendo a principal defensora dessa forma de organização social.

Assim, entre os séculos IX e XI as relações socioeconômicas no Ocidente apresentavam as características gerais do sistema feudal. Desde o topo até a base da pirâmide social, as relações ocorriam "de homem para homem", sem maior interferência do Estado. A fraqueza crescente dos governantes no fim da dinastia carolíngia e a ampliação da autonomia jurídica e política da aristocracia, bem como o parcelamento absoluto do direito de propriedade; a expropriação crescente do trabalho camponês e a redistribuição de posses e direitos entre os integrantes das camadas dominantes, influenciaram todas as esferas da vida social.

2. Novos homens, novo tempo (séculos XI-XIII)

A SOCIEDADE FEUDAL REGIA-SE PELA TRADIÇÃO, pelo costume. Na falta de poderes centralizados e instituições bem estabelecidas, as pessoas atuavam baseando-se na experiência do passado.

O tempo, porém, não para. A história é um processo em constante transformação, e as pessoas, com seu trabalho e atividades, e com suas formas de organização social, são agentes desse processo. Por isso vamos observar que, do século XI em diante, o panorama da Europa sofreu grandes transformações.

A VIDA NO CAMPO

Podemos apontar o aumento da população de toda a Europa, de toda a cristandade como um dos sinais dessa profunda transformação. Mais pessoas, mais bocas para comer, mais trabalho, novas mudanças. Para se ter uma ideia da evolução populacional ocorrida no período, observe com atenção o quadro a seguir.

EVOLUÇÃO DEMOGRÁFICA DA EUROPA NA IDADE MÉDIA (em milhões de habitantes)									
ANO	200	400	600	800	1000	1100	1200	1300	1400	1500
POPULAÇÃO	24,1	20,1	16,3	18,0	22,1	25,85	34,65	50,35	35,4	48,45

Fonte: McEVEDY, C.; JONES, R. *Atlas of world population History*. Londres: Penguin, 1980. Extraído de FRANCO JR., H. *A Idade Média*: nascimento do Ocidente. São Paulo: Brasiliense, 1986.

Note que, entre os anos 200 e 800, isto é, no momento que correspon-de à passagem da Antiguidade à Idade Média, houve progressivo decréscimo populacional. Depois, entre os anos 800 e 1000, momento de germinação do feudalismo, uma retomada do crescimento populacional. No período corres-pondente ao apogeu do feudalismo, quer dizer, entre os anos 1000 e 1300, o ritmo do crescimento acelerou e a população europeia duplicou. Já entre 1300 e 1400, momento de crise do feudalismo, a população decresceu, voltando a se recuperar em 1500.

Se calcularmos a porcentagem de crescimento entre os anos 1000 e 1300, veremos que a população aumentou em 130%.

Outros indícios da transformação: aperfeiçoamento das técnicas de cultivo e dos instrumentos agrícolas e utilização mais constante do ferro na fabricação de ferramentas como enxadas, rastelos e forcados, ou de equipamentos como a

O corte dos pés de trigo com o uso de alfanje de metal. Ilustração do livro *Heures à l'usage de Rome*, escrito em 1515.

O uso de moinhos difundiu-se pelo Ocidente a partir do século X. Yves, monge de Saint-Denis. *Vie de Saint Denis*, 1317.

Na imagem da cidade, trabalhadores constroem vias públicas. Ilustração do século XV.

charrua, nome dado ao arado grande com rodas e pontas de metal. Dessa forma, o trabalho no campo tornou-se mais eficiente.

Além disso, melhoraram também as condições de uso da força motriz das águas correntes. Desde o século X muitos cursos de água eram regulados, cortados por desvios, barragens e quedas, e canalizados como energia para mover os moinhos de cereais.

Em consequência, ocorreram mudanças importantes nas técnicas de cultivo. Por exemplo: passou-se a dividir o solo a ser trabalhado em três partes (folhas), sendo que a cada ano uma delas permanecia em descanso (pousio) e duas eram cultivadas. Após três anos, as três folhas haviam passado tanto pelo pousio quanto pelas culturas agrícolas. Daí esse sistema de cultivo ter sido chamado de afolhamento ou rotação trienal.

O quadro a seguir mostra o funcionamento do sistema trienal:

Na representação do trabalho cotidiano dos camponeses, a divisão das áreas de cultivo obedece ao sistema de rotação trienal, com uma área em fase de colheita, outra em fase de semeadura e outra sendo preparada para o cultivo. (Ilustração do livro *Les très riches heures* do Duc de Berry, c. 1412-1416.)

O sistema agrícola de rotação trienal

No sistema trienal a terra era dividida em três zonas (indicadas pelas letras *E, H, J*), de acordo com o que deveria ser plantado a cada ano. As terras, em cada uma das zonas, eram divididas entre os camponeses (lotes *a, b, c, d, e, f, g, h*) e o trabalho era coletivo. No centro das zonas de cultivo estava a aldeia. Mais afastados, estavam os prados e os bosques, de uso comunitário.

(FRANCO JR., H. *A Idade Média*: nascimento do Ocidente. São Paulo: Brasiliense, 1986.)

A cena representa a construção de igrejas em Saint Denis no século XII. Ilustração *da Vie de très noble Comte Gerard de Roussillon*, 1448.

O sistema trienal substituiu a forma de cultivo anterior, chamada de rotação bienal. A nova técnica era melhor, pois permitia maior aproveitamento do solo, facilitando a variação das culturas: poderiam ser plantados cereais diferentes ou, então, cereais e legumes ao mesmo tempo.

Mais bocas, mais trabalho, mais terra. Áreas até então não exploradas começaram a ser desbravadas pelos camponeses. Florestas e pântanos cederam lugar às aldeias. As novas comunidades rurais abriram espaço para novas áreas de cultivo. Para os agricultores, isso significava mais trabalho para seu sustento. Para os senhores, significava novos meios de rendimento.

O RENASCIMENTO URBANO

O aspecto mais importante dessa expansão na Europa foi o renascimento da vida urbana. Beneficiadas pelo dinamismo econômico rural, as cidades voltaram a desempenhar o papel de áreas de atração populacional e a contar com um número cada vez maior de pessoas.

Antigas comunidades, praticamente abandonadas durante a Alta Idade Média, recuperaram o vigor. Tendo sobrevivido graças ao papel de centros administrativos, políticos e militares, as cidades adquiriram, na Idade Média Central, um papel econômico, transformando-se em zonas de produção artesanal e centros de troca.

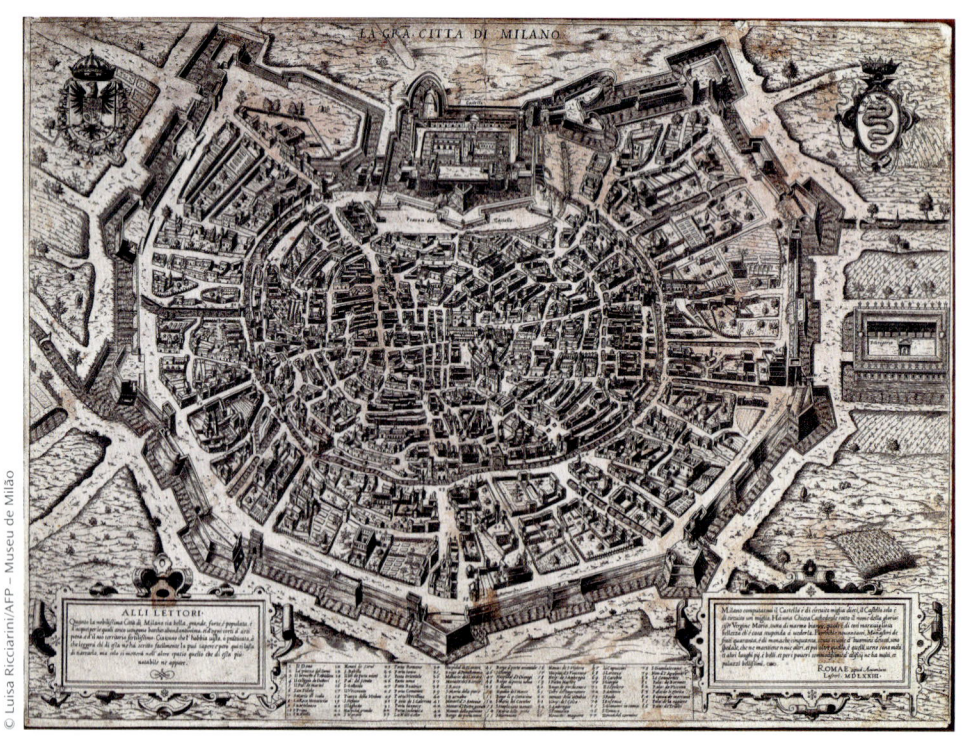

Mapa da cidade de Milão, 1573. É o mapa mais antigo da cidade.

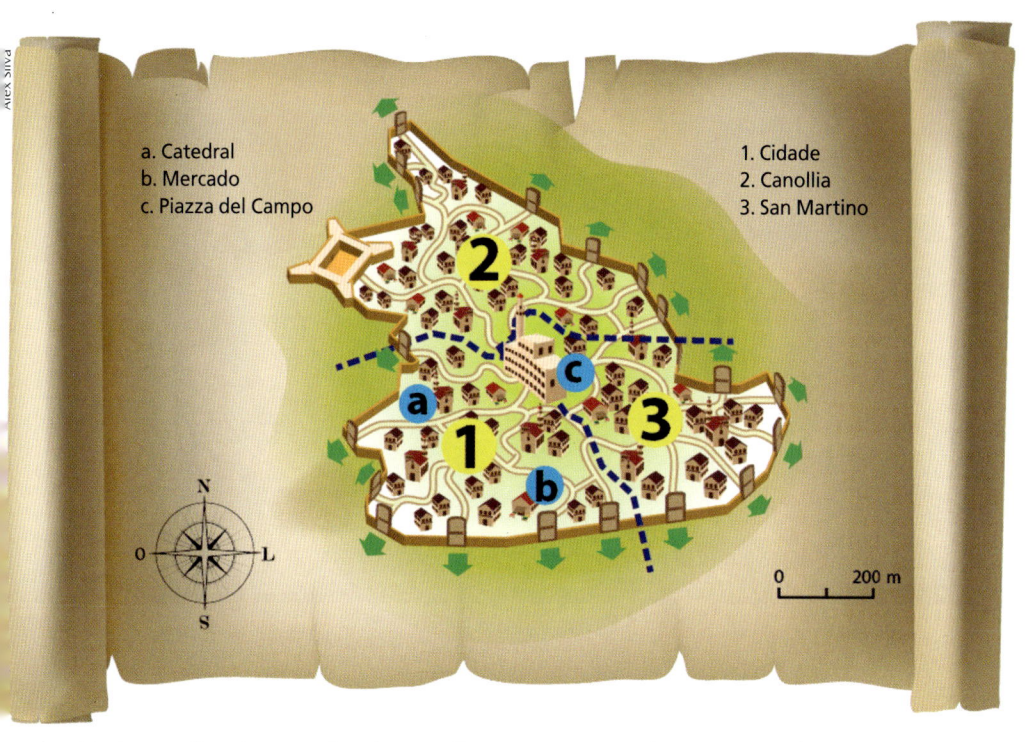

As cidades medievais, cercadas de muralhas, eram protegidas por portas levadiças cujo número variava de acordo com o tamanho da comunidade. No século XIII a cidade italiana de Siena tinha 19 portas, identificadas por setas verdes na ilustração.

Fonte: HEERS, J. *La ville au Moyen Âge*. Paris: Fayard, 1990, p. 334.

A renovação das cidades foi uma consequência das modificações ocorridas no campo. Elas se tornaram áreas consumidoras do excedente da produção rural e, ao mesmo tempo, sua produção artesanal abastecia as áreas vizinhas.

Os artesãos e outros trabalhadores urbanos eram em geral descendentes de servos ou camponeses que fugiram da opressão senhorial. Os mercadores, maiores beneficiados com o renascimento comercial, provinham de famílias humildes ou descendiam de famílias nobres empobrecidas, ou adaptadas ao ambiente citadino.

Essa renovação na Europa foi acompanhada de uma expansão exterior.

No norte e no leste europeu, os povos escandinavos e eslavos foram integrados ao corpo da cristandade, sendo convertidos pelos missionários da Igreja. No sul, os muçulmanos, que desde o início do século VIII ocupavam boa parte da Península Ibérica, foram aos poucos sendo vencidos e incorporados aos domínios cristãos, abrindo espaço para o aparecimento dos reinos de Castela, Navarra, Aragão e Portugal.

Vista aérea de cidade de Bram, em Aude, França. Observe que a ocupação urbana assumiu a forma circular, seguindo a configuração das muralhas.

Vista aérea da área central da cidade de Siena, uma das mais antigas comunidades da região da Toscana, Itália.

© Jarno Gonzalez Zarraonand/Shutterstock

Vista panorâmica da cidade de Toledo, Espanha, retomada dos muçulmanos pelo rei castelhano Alfonso VI, em 1085.

A nobreza guerreira, extremamente violenta, geradora de conflitos no interior da cristandade, tomou o rumo do Oriente. As cruzadas, expedições armadas com o objetivo de combater os muçulmanos e libertar Jerusalém, no Oriente Médio, foram organizadas por papas, imperadores ou reis. A primeira, decretada por Urbano II em 1095, resultou na conquista de Jerusalém, em 1099, e a última, liderada pelo rei francês São Luís, terminou em 1270. Delas, resultaram conquistas territoriais, a formação de reinos cristãos no Oriente Médio e um certo acréscimo no intercâmbio entre cristãos e muçulmanos.

Algumas cidades, principalmente da Itália, da região de Flandres (atuais Bélgica e Holanda) e da Alemanha, restabeleceram relações comerciais com os mercados orientais, vendendo principalmente tecidos, armas e artigos de luxo e comprando especiarias. No século XIII, o mar Mediterrâneo representava uma importante via de contato comercial, um eixo econômico fundamental para o comércio de longa distância.

De uma economia basicamente agrária passava-se lentamente para uma economia urbana, baseada na circulação do dinheiro.

As grandes rotas do comércio medieval.

Moeda que circulava no século XIII, com a efígie do rei francês Filipe Augusto.

Um cambista com a balança em que as moedas eram pesadas para avaliar sua equivalência. Ilustração do livro de Jacques de Cessoles. *Jeu des échecs moralisés*, c. 1480-1485.

Os empréstimos a juros, malvistos pela Igreja, tornaram-se mais frequentes e tiveram de ser tolerados. O mercador e o usurário, figuras inicialmente desprezadas pelos nobres e pelos religiosos, ganharam espaço na sociedade.

Caravana de mercadores dirigindo-se à China. Ilustração do *Atlas Catalan* de Carlos V, 1385.

Os documentos da cidade de Gênova, na Itália, mencionam no século XII a palavra *bancherius* (o "homem da banca", de onde provém "banqueiro"), que designava inicialmente um simples cambista, um trocador de dinheiro. Mas, no século XIII, esses "homens da bolsa", "homens da banca", os banqueiros, ganharam influência enorme, financiando as despesas de reis e papas, dinamizando ainda mais o desenvolvimento de um pequeno mercado financeiro europeu.

No fim do século XIII, várias companhias financeiras da cidade italiana de Siena, dentre as quais as de Salimbene e Buonsignori, haviam se expandido para outras cidades da Europa. No século XIV, Florença tornou-se um importante centro bancário. As companhias mercantis florentinas dos Bardi, Peruzzi e Acciauoli desfrutavam prestígio dentro e fora da Itália.

A formação da Europa feudal

Torneios medievais

As justas, ou torneios medievais, eram ocasiões nas quais, fora do campo de batalha, os cavaleiros podiam derrotar seus oponentes e demonstrar sua força, destreza e poder na tentativa de obter prestígio, recursos e oportunidades de casamento com as filhas dos membros da nobreza. As justas também proporcionavam aos cavaleiros o treinamento necessário para seu aperfeiçoamento técnico.

SÉCULOS XIV e XV

Torneios medievais

O passado e o presente do cavaleiro medieval

As novelas de cavalaria surgiram no século XII e fizeram parte da tradição oral e escrita de toda a Idade Média. Acredita-se que essas histórias tenham sido criadas a partir da releitura de lendas e contos folclóricos celtas, povos indo-europeus que se espalharam pela Europa no segundo milênio antes de Cristo. Elas narram combates, aventuras maravilhosas e histórias de amor. Um dos principais personagens desses romances é o cavaleiro, tradicionalmente representado como homem fiel, honrado e cumpridor de suas obrigações, seguidor de um rígido código de comportamento. Ao longo do tempo, os cavaleiros tornaram-se um dos símbolos da cultura ocidental e temas de obras literárias, peças teatrais, filmes, desenhos animados e jogos, como veremos a seguir.

SÉCULOS XVIII e XIX

Ivanhoé

O romance histórico

O escritor escocês Walter Scott publicou, em 1819, a obra *Ivanhoé*. O romance narra as aventuras do jovem cavaleiro Ivanhoé, que vive na Inglaterra do século XII. Ele combate seus inimigos, busca a liberdade e deseja conquistar sua amada, Lady Rowena.

SÉCULOS XX e XXI

Star Wars – O retorno de Jedi

Fontes: FRANCO JÚNIOR, Hilário. *A Idade Média*: nascimento do Ocidente. São Paulo: Brasiliense, 2006; SPINA, Segismundo. *A cultura literária medieval*: uma introdução. São Paulo: Ateliê Editorial, 2007.

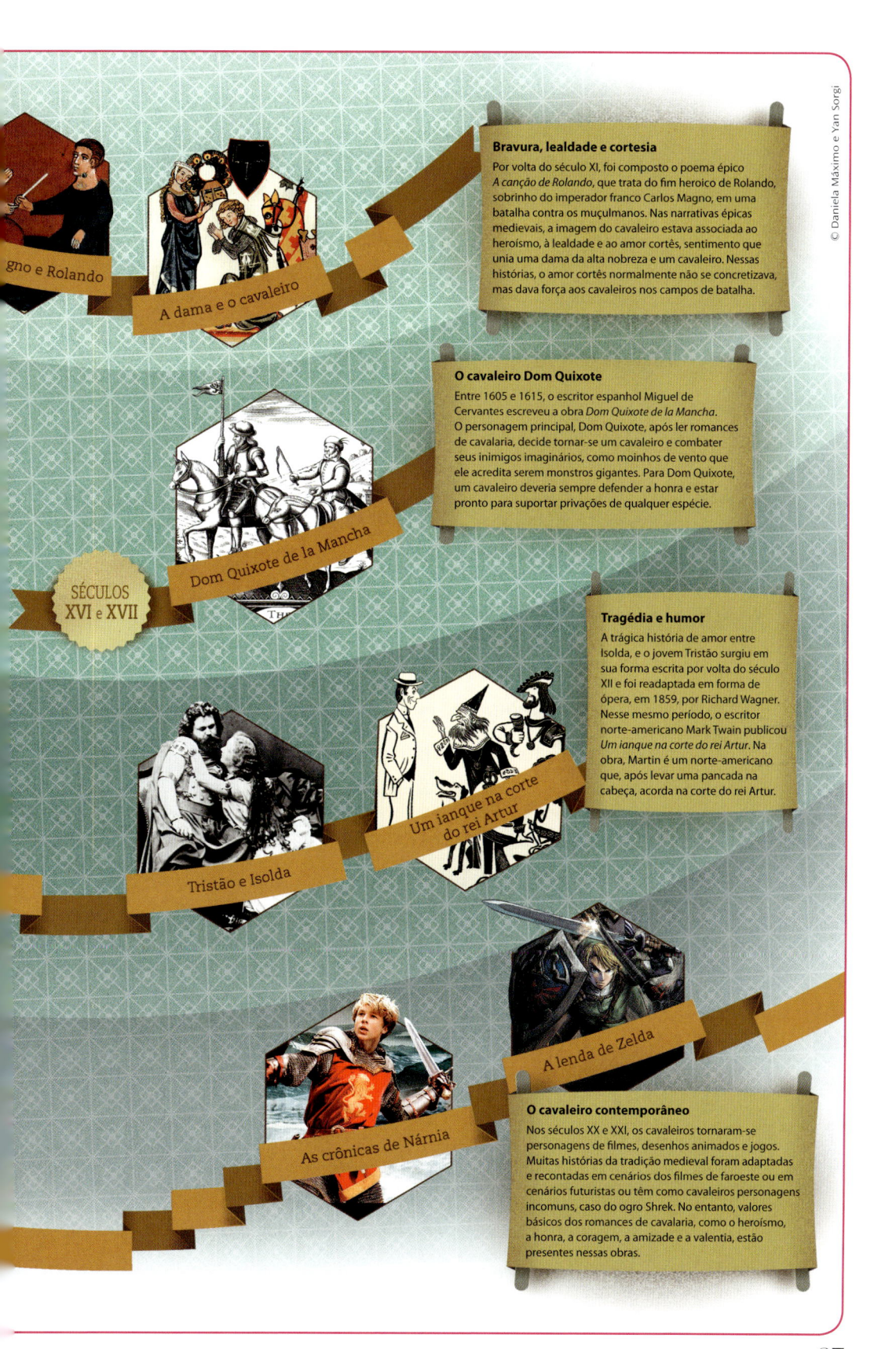

gno e Rolando

A dama e o cavaleiro

Bravura, lealdade e cortesia

Por volta do século XI, foi composto o poema épico *A canção de Rolando*, que trata do fim heroico de Rolando, sobrinho do imperador franco Carlos Magno, em uma batalha contra os muçulmanos. Nas narrativas épicas medievais, a imagem do cavaleiro estava associada ao heroísmo, à lealdade e ao amor cortês, sentimento que unia uma dama da alta nobreza e um cavaleiro. Nessas histórias, o amor cortês normalmente não se concretizava, mas dava força aos cavaleiros nos campos de batalha.

O cavaleiro Dom Quixote

Entre 1605 e 1615, o escritor espanhol Miguel de Cervantes escreveu a obra *Dom Quixote de la Mancha*. O personagem principal, Dom Quixote, após ler romances de cavalaria, decide tornar-se um cavaleiro e combater seus inimigos imaginários, como moinhos de vento que ele acredita serem monstros gigantes. Para Dom Quixote, um cavaleiro deveria sempre defender a honra e estar pronto para suportar privações de qualquer espécie.

Dom Quixote de la Mancha

SÉCULOS XVI e XVII

Tragédia e humor

A trágica história de amor entre Isolda, e o jovem Tristão surgiu em sua forma escrita por volta do século XII e foi readaptada em forma de ópera, em 1859, por Richard Wagner. Nesse mesmo período, o escritor norte-americano Mark Twain publicou *Um ianque na corte do rei Artur*. Na obra, Martin é um norte-americano que, após levar uma pancada na cabeça, acorda na corte do rei Artur.

Um ianque na corte do rei Artur

Tristão e Isolda

A lenda de Zelda

As crônicas de Nárnia

O cavaleiro contemporâneo

Nos séculos XX e XXI, os cavaleiros tornaram-se personagens de filmes, desenhos animados e jogos. Muitas histórias da tradição medieval foram adaptadas e recontadas em cenários dos filmes de faroeste ou em cenários futuristas ou têm como cavaleiros personagens incomuns, caso do ogro Shrek. No entanto, valores básicos dos romances de cavalaria, como o heroísmo, a honra, a coragem, a amizade e a valentia, estão presentes nessas obras.

3. Ser camponês na Europa feudal

AO TRATAR DAS CAMADAS POPULARES medievais, pensamos logo nos camponeses. Apesar do renascimento urbano, a Europa medieval continuou a ter maior população no campo do que nas cidades. Segundo os estudiosos de história rural, 90% dos habitantes nesse período viviam em áreas agrícolas.

Os camponeses recebiam vários nomes. Nos documentos da época, eles são designados pela palavra "rústicos". Também eram identificados pelo termo "vilãos", porque viviam em geral numa *villa*, isto é, num domínio rural, sob a autoridade de um senhor. Outras vezes, ao falar do homem do campo, utilizava-se simplesmente a palavra latina *pauper*, que significa pobre.

DEPENDÊNCIA PESSOAL E EXPLORAÇÃO ECONÔMICA

De maneira geral, os camponeses eram vistos com bastante desprezo pelos escritores, uma vez que estes se identificavam com o modo de vida dos grupos dominantes da sociedade.

Quanto à aparência, o vilão era considerado alguém repulsivo, como se pode ver no trecho a seguir, extraído de um romance de cavalaria do século XII.

Não será demais dizer que se trata, como é evidente, de uma imagem totalmente irreal, mas que expressa claramente o ponto de vista de alguém nem um pouco identificado com as camadas populares!

Deixando de lado as imagens deturpadas, e procurando retratar a realidade, veremos que não houve apenas um tipo de camponês, assim como não há só um

Aldeia medieval típica da Alemanha, no século XV. Quadro de Albrecht Dürer, 1489.

© Kupferstishkabinett, Berlim

Habitação camponesa do fim
da Idade Média. Detalhe de pintura
a óleo de Hieronymus Bosch, 1490.

Camponeses em atividade agrícola,
preparando o campo para o cultivo, tendo
ao fundo uma cidade. Ilustração
do *Breviarium Grimani*, 1515.

Durante os séculos da Alta Idade Média as guerras constantes geravam insegurança nas
camadas populares, obrigando-as a se colocar sob a dependência de poderosos que as
pudessem defender.

tipo de pessoa pobre na atualidade. Durante os quase mil anos de história da
Idade Média, existiram várias categorias de pessoas humildes vivendo em áreas
rurais. A situação jurídica e social dessas pessoas nem sempre era igual.

Um dos únicos aspectos que igualavam a situação dos homens do campo era a relação de dependência pessoal e econômica que os subordinava aos nobres e integrantes da Igreja.

Era raro os camponeses possuírem plenamente a terra em que trabalhavam. Em geral deviam obediência, obrigações e impostos ao senhor da tenência onde viviam, plantavam e colhiam. Tenência, manso ou casal eram nomes dados à parte da propriedade senhorial entregue às famílias de trabalhadores.

Uma parte dos camponeses dos séculos XI e XII era descendente de famílias de colonos. Desde a época da crise do Império Romano, muitos pobres, deixando as cidades, fixaram-se no campo e tornaram-se arrendatários dos grandes proprietários de terras, perdendo o direito de abandonar a gleba.

Em outros casos, os camponeses eram antigos escravos. Nos séculos IX e X, época do desenvolvimento do feudalismo, a escravidão tendeu a se enfraquecer, e praticamente desapareceu. Muitos dos ex-escravos acabaram caindo na servidão.

A palavra *servus* provém do latim e significa escravo. Escravo e servo não são, porém, a mesma coisa. Do ponto de vista jurídico, o escravo não possui nenhuma liberdade e é propriedade de alguém. O servo é uma pessoa semilivre; não possui liberdade plena, mas também não é um mero instrumento de trabalho. Os servos "casados", isto é, que permaneciam numa casa, numa terra, poderiam acumular um mínimo para sua sobrevivência. Apesar disso, tal qual os escravos, sua condição social era péssima.

Além do servo, havia os camponeses livres, pequenos proprietários que, entregando suas terras a um senhor poderoso em troca de proteção, continuaram a trabalhar nas mesmas terras, na condição de arrendatários. Nesses casos, os camponeses faziam questão de deixar claro que entregavam a terra, não suas pessoas. Os camponeses dessa categoria são designados como rendeiros ou foreiros, isto é, homens livres que deviam uma parte fixa da produção ao senhor.

USOS E ABUSOS DO TRABALHO CAMPONÊS

No período feudal, todos os camponeses que viviam dentro de um senhorio eram forçados a entregar parte do produto de seu trabalho aos senhores.

Nesta ilustração de um manuscrito do século XIV, um príncipe recebe as rendas extraídas das terras de seus vassalos. Ilustração do *Livre des bonnes moeurs* de Jacques le Grant.

No caso dos servos, a carga era ainda mais pesada. Além das obrigações devidas, eles prestavam periodicamente serviços gratuitos e obrigatórios na parte da propriedade sob controle direto do amo. A corveia, nome dessa espécie de obrigação, consistia em trabalhos diversos na reserva senhorial, como a colheita e o plantio, a derrubada de árvores, o transporte de mercadorias, o conserto de estradas, pontes ou diques nas dependências do feudo.

Os camponeses geralmente viviam sob o poder de um castelão, de um mosteiro ou abadia, de um conde ou visconde. O senhor feudal era, ao mesmo tempo, o proprietário e o representante do poder público. Ele exercia sobre todos os seus homens o direito de *ban*, isto é, de aplicar a justiça e de "protegê-los". Os que resistiam ao domínio senhorial, como os servos fugitivos, eram considerados fora da lei, ou, literalmente, bandidos.

Em troca, os "protegidos" deviam uma série de obrigações ao "protetor". Pagavam anualmente uma taxa pela proteção pessoal, pela segurança. Caso utilizassem o moinho ou o forno existentes na propriedade, deviam pagar por esse uso. Os funcionários a serviço do senhor fiscalizavam a circulação de mercadorias, extraindo a parcela senhorial. Até mesmo a passagem pelas pontes, controladas pelos funcionários, devia ser paga (o que lembra vagamente o atual pedágio).

Os camponeses tinham, em alguns momentos, de cumprir com determinadas obrigações feudais extraordinárias. Sempre que o senhor estivesse na parte da propriedade ocupada por eles, deviam contribuir com a hospedagem. No caso de prisão do senhor, deviam colaborar no pagamento do resgate. A festa da maioridade do filho mais velho, o casamento da filha mais velha ou os custos da partida do senhor nas cruzadas acabavam recaindo sobre os dependentes pobres.

Além dessas, outras imposições pesavam sobre os servos. Eles precisavam pagar pela permissão senhorial quando resolviam contrair matrimônio com alguém de fora do domínio do seu senhor ou de outra categoria social. Em geral, quando o servo morria, o senhor tinha o direito de receber uma importância dos descendentes do falecido ou, então, ficar com o bem mais valioso da família, direito conhecido como "mão morta".

Assim, percebemos claramente a diferença, no mundo feudal, entre um camponês livre e um servo. Enquanto o primeiro devia rendas fixas em virtude do uso de terra alheia e da proteção recebida, o servo, além de estar sujeito a essas obrigações, devia pagar muitas outras taxas pelo fato de ser um "homem" do senhor.

Na Idade Média, costumava-se dizer que o servo era um "homem de corpo", isto é, seu corpo estava preso à terra e às exigências senhoriais desde o nascimento. O peso do senhor sobre a pessoa do servo era, portanto, muito grande.

Observe um documento redigido na metade do século XIII, em que constam algumas das obrigações, rendas e serviços devidos pelos servos de uma abadia francesa, a abadia de Beaulieu, situada ao sul do reino, na região denominada Limousin.

> Os camponeses devem entregar ao vigário no tempo da colheita duas gavelas por cada quatro de terra. E as darão segundo a lei tal como é costume… a mesma coisa com relação ao feno. Devem entregar por cada quarto de terra o peso que um homem pode levar normalmente desde a casa do lavrador à do vigário sem utilizar-se de artimanhas… Os homens […] não se casarão com mulheres de fora, enquanto possam encontrar no domínio mulheres com as quais possam casar legalmente. As mulheres ficarão igualmente sujeitas a esta norma…

(Citado por PEDRERO-SANCHEZ, M. G. *História da Idade Média*: textos e testemunhas. São Paulo: Editora da Unesp, 2000. p. 106.)

© Biblioteca Britânica, Londres

O excedente do trabalho camponês era propriedade do senhor. Ilustração de um livro de orações inglês, o *Queen Mary Psalter*, c. 1310-1320.

Nas regiões em que a servidão ganhou força, algumas imposições senhoriais ficaram conhecidas como "maus costumes". Eram, como veremos, direitos abusivos, alguns realmente humilhantes.

Na Inglaterra, quando a concubina, isto é, a companheira de um servo ficava grávida, o senhor tinha o direito a uma taxa. Portanto, antes mesmo de nascer, o filho do servo estava sujeito ao senhor pela condição de não livre. Mesmo não tendo nascido, o futuro servo já era um "homem de corpo".

Na Espanha, quando a mulher de um servo cometia adultério, o senhor tinha direito a uma indenização. Havia ainda o direito do amo à primeira noite com a mulher do servo. Para não se sujeitar a isso, nova indenização deveria ser paga. No caso de incêndio da terra em que o servo trabalhava, o senhor tinha direito a uma indenização. Além do mais, o dependente estava permanentemente sujeito a ser preso ou castigado fisicamente.

Vida cotidiana dos camponeses: a criação de porcos. Ilustração do livro intitulado *Tacuinum Sanitatis*, século XIV.

Como podemos ver, o peso das obrigações a que os camponeses estavam sujeitos era muito grande. No caso dos não livres, pior ainda. As obrigações abusivas e a marca vergonhosa da servidão mantinham-nos numa situação de inferioridade total em relação aos poderosos.

A Igreja, por seu lado, justificava esse estado de coisas. De acordo com seus representantes, o mundo estava assim organizado devido à vontade divina. No princípio do século XI, momento de maior força do feudalismo, o bispo Adalberon de Laon resumiu com clareza a imagem que os poderosos tinham daquele estado de coisas. Em seu *Carmen at regis Rotberti Pii* (Poema ao rei Roberto, o Piedoso), afirmou:

> Os guerreiros são protetores das igrejas. Eles defendem os poderosos e os fracos, protegem todo mundo, inclusive a si próprios. Os servos, por sua vez, têm outra condição. Esta raça de infelizes não tem nada sem sofrimento. Fornecer a todos alimentos e vestimenta: eis a função do servo. A casa de Deus, que parece una, é portanto tripla: uns rezam, outros combatem e outros trabalham. Todos os três formam um conjunto e não se separam: a obra de uns permite o trabalho dos outros dois e cada qual por sua vez presta seu apoio aos outros.
>
> (Citado por DUBY, G. *As três ordens ou o imaginário do Feudalismo.* Lisboa: Estampa, 1982. p. 44.)

Esse era o ponto de vista dos grupos dominantes. Resta saber como os camponeses se comportaram diante desse quadro.

Representação idealizada dos três grupos que compunham a sociedade feudal: os clérigos (identificados pelo hábito de um monge com o cabelo raspado, chamado tonsura), os cavaleiros (com elmo e escudo) e os camponeses (segurando um instrumento de trabalho agrícola: uma pá). Ilustração de um manuscrito inglês do século XIV.

4. O preço e o valor da liberdade

A VIDA DURA DO CAMPO, assim como os fortes laços familiares, contribuíram para que existisse grande solidariedade entre os camponeses. Tanto na plantação e na colheita como na criação dos animais, o trabalho era coletivo.

As reivindicações, as agitações e os movimentos de rebeldia dos homens do campo foram possíveis graças a esse coletivismo.

Não sabemos muito a respeito dos movimentos camponeses, mas, durante a Idade Média, não faltaram momentos de tensão entre os pobres do campo e os seus senhores. Poucos documentos da época registram esses fatos, e os poucos que existem foram escritos por religiosos, isto é, pelos representantes de um dos grupos exploradores da população.

OS PRIMEIROS LEVANTES SERVIS

Há vários casos de mobilização popular de origem camponesa do século IX ao século XI. Esse período corresponde ao momento de estruturação do sistema feudal. As reivindicações, protestos e levantes podem ser entendidos como formas de oposição dos explorados contra as determinações abusivas da classe dominante.

Entre os séculos IX e XI, à medida que o sistema feudal ganhava, lentamente, seus contornos, a pressão dos senhores sobre os camponeses aumentava cada vez mais. A cada nova exigência, maior o laço de dependência e maior a exploração.

Como nessa época existiam poucas leis escritas e menos ainda autoridade pública para aplicá-las, as relações entre senhores e camponeses fundamentavam-se na tradição, isto é, no costume. Quando uma obrigação era imposta, aceita e cumprida, ela se tornava automaticamente um direito irrevogável dos senhores.

Os conflitos ocorriam em geral quando os senhores determinavam obrigações que os homens do campo não estavam habituados a cumprir. Como exemplo, podemos citar o episódio ocorrido no ano de 829, quando os colonos das proximidades da cidade de Tours (França) compareceram diante do rei da Aquitânia, protestando contra o abade de Cormery. Eles diziam não estar acostumados a prestar serviços gratuitos e obrigatórios (corveia) na terra do abade e negavam-se a cumprir a nova exigência. O rei, entretanto, depois de ouvi-los, preferiu não atender a seus apelos, dando razão ao abade.

Representação das várias atividades desenvolvidas pelos camponeses no século IX. Ilustração de um manuscrito composto na cidade de Salzburg entre 809-818.

Detalhe da Tapeçaria de Bayeux, bordada entre 1070-1080 a mando da condessa Matilde de Flandres em homenagem à conquista da Inglaterra por Guilherme, duque da Normandia. Na parte superior veem-se os guerreiros normandos e, na parte inferior, os camponeses realizando trabalhos agrícolas.

As corveias ou serviços pessoais despertaram a constante indignação dos camponeses. Certamente eles lutaram muito contra isso, pois várias leis escritas no século IX determinavam a obrigatoriedade desses serviços. Uma dessas leis, chamada Édito de Pitres, escrita em 864, condenava qualquer colono que se negasse a fazer trabalhos manuais para os senhores das terras dos imperadores carolíngios ou da Igreja.

Algumas vezes as tensões acabavam se transformando em luta armada. A primeira grande revolta camponesa que se conhece ocorreu na Normandia, no norte da atual França. Em 996, sob o governo do duque Ricardo II, os rústicos resolveram explorar, por sua própria conta, as florestas e os rios. Acontece que essas áreas "invadidas" faziam parte da reserva senhorial. Os trabalhadores não podiam entrar nelas sem o consentimento do amo ou sem pagar por isso.

A guerra contra os camponeses foi então decretada. Os revoltosos organizaram-se em assembleias locais e elegeram representantes para uma assembleia geral. O movimento se alastrou, mas acabou sendo energicamente reprimido. O tio do duque, Raul, conde de Evreux, acompanhado de guerreiros bem armados, massacrou um grande número de insubordinados.

Muito tempo depois, a lembrança desse movimento permanecia na memória dos escritores a serviço da nobreza. As aspirações dos sublevados encontram-se registradas, por exemplo, em alguns versos da obra intitulada *Roman de Rou* (Romance de Rou), escrita em meados do século XII pelo poeta Wace:

Vitral do século XIII, mostrando cavaleiros rumando para o combate.

Juntemo-nos por um juramento,
Defendamo-nos, a nós e aos nossos bens,
E venceremos a todos.
E, se quiserem guerrear,
Teremos para cada cavaleiro
Trinta ou quarenta homens
Preparados para lutar.

E assim poderemos ir aos bosques,
Usar a madeira que escolhermos,
Ter os peixes que quisermos,
Comer a carne dos animais.
Poderemos realizar nossas vontades,
Nos bosques, nas águas, nos prados.

(Citado por DUBY, G. e WALLON, A. *Histoire de la France rurale*. Paris: Du Seuil, 1975. v. 1, p. 374.)

O tempo passava, as obrigações aumentavam e as revoltas continuavam a explodir no campo. Em 1067, os servos da aldeia de Viry, situada nas proximidades de Paris, revoltaram-se contra os religiosos de Notre-Dame de Paris, rechaçando determinadas obrigações e, principalmente, reivindicando o direito de desposar as mulheres que quisessem, sem precisar da autorização dos senhores. Tempos depois, ocorreram levantes nas Astúrias (atual Espanha), em 1120; na Picardia (norte da França), entre 1125 e 1140; na região de Lyon e Velay antes de 1175.

Multiplicaram-se as fugas, os ataques, os roubos. Alguns camponeses, abandonando a terra, procuravam abrigo nas cidades. Muitos, fugindo dos antigos senhores, procuravam terras novas para cultivar.

Em pleno século XIII, os pobres lutavam ainda contra a servidão. Entre 1250 e 1251 os servos de Orly, uma aldeia localizada ao sul de Paris, recusaram-se a pagar impostos pessoais aos seus senhores, os monges da abadia de Notre-Dame de Paris. O movimento de insatisfação cresceu. Aldeias vizinhas se rebelaram e em pouco tempo havia aproximadamente 2 mil vilãos revoltados.

Os religiosos mandaram prender dezesseis camponeses. Como a rebelião aumentava, o assunto acabou indo parar nos tribunais da Coroa. Após negociações, os religiosos tiveram de aceitar a perda do direito de cobrar impostos pessoais sobre os servos. Pouco tempo depois, em 1263, a própria servidão acabou sendo abolida no sul de Paris.

Liberdade concedida a um servo pelo rei Afonso de Aragão.

Cena de um julgamento realizado pelo tribunal dos reis franceses, século XVI.

ASSOCIAÇÕES CAMPONESAS

No capítulo 2 tratamos das mudanças econômicas e sociais ocorridas na Europa a partir do século XI: aumento populacional; aperfeiçoamento das técnicas agrícolas; expansão das áreas exploradas; renovação das atividades urbanas; importância crescente da circulação monetária. Essas modificações, ocorridas no momento de apogeu do feudalismo, implicaram transformações sociais que viriam a enfraquecer os fundamentos do próprio sistema.

Em virtude do desenvolvimento da vida urbana, do trabalho artesanal e do comércio, o dinheiro ganhou importância crescente, enfraquecendo as relações de dependência pessoal características do feudalismo. Acumulando dinheiro, uma parcela dos camponeses, os lavradores, teve condição de adquirir certa independência, comprando sua liberdade pessoal. Os senhores feudais, como todas as outras camadas sociais, precisavam cada vez mais da moeda. Com o tempo, muitos deixaram de exigir tributos em trabalho e produtos, preferindo recebê-los em dinheiro ou vender os direitos que anteriormente possuíam.

Vida cotidiana no interior de uma aldeia medieval. Ilustração das Crônicas de Hartmann Schedel, 1493.

As relações entre atividades urbanas e rurais tornaram-se mais intensas nos séculos finais da Idade Média. A cena representada na ilustração mostra citadinos deixando uma cidade e adentrando na zona rural circunvizinha. Detalhe do afresco *Os efeitos do bom governo*, de Ambrogio Lorenzetti, 1339.

Comunidade rural na região de Flandres, na atual Holanda, em pintura a óleo de Pieter Bruegel, 1565.

A capacidade de organização das comunidades camponesas aumentou. No decurso do século XIII, imitando as cidades, as aldeias passaram a comprar cartas de franquia. Antes, os senhores tinham como alterar, a seu critério, a proporção do valor dos tributos. Com a aquisição de uma carta de franquia, documento escrito garantido pelo amo, os tributos, obrigações e direitos tornavam-se fixos, dificultando os abusos. Além do mais, adquirindo o documento, as aldeias ganhavam certa independência administrativa em relação ao senhor, podendo ter representantes próprios e assembleias para tomar decisões coletivas.

O processo de monetarização, que conduziria lentamente ao capitalismo, enfraqueceu as relações tipicamente feudais e gerou novas desigualdades sociais, com o aumento da quantidade de assalariados no campo. Dessa maneira, as relações socioeconômicas sofreram alterações, dando origem a novas formas de desigualdade e a novos mecanismos de dominação. Vejamos a seguir como isso ocorreu nas cidades.

5. Ricos e pobres nas cidades

COM O RENASCIMENTO DA VIDA URBANA, ocorrido a partir do século XI, uma parcela considerável da população transferiu-se para as cidades. Estas abrigaram, daí em diante, um número considerável de trabalhadores braçais, artesãos, pequenos comerciantes, integrantes das camadas populares urbanas. Os problemas políticos, sociais e econômicos, nesse caso, ocorreram num ambiente diferente daquele que mostramos até aqui. Vejamos por quê.

Em geral, as cidades estavam sob a jurisdição de um conde, de um bispo ou arcebispo ou de um rei, isto é, faziam parte de um domínio senhorial. As atividades urbanas, artesanato ou comércio, diferiam profundamente das atividades rurais, com as quais os senhores estavam mais habituados.

Os textos deixados pelos escritores da Igreja testemunham a maneira pela qual, no século XII, as comunidades foram vistas com desconfiança pelas autoridades tradicionais. É muito provável que esse ponto de vista não fosse exclusivo dos membros da Igreja, mas é deles que provém a maior parte dos textos escritos nessa época.

Um dos autores mais citados é o abade Guibert de Nogent (1053-1124), que em sua autobiografia, intitulada *De vita sua*, registrou com viva emoção e antipatia o comportamento dos moradores da cidade de Laon após terem proclamado, em 1115, o juramento coletivo pelo qual passavam a viver sob as regras de uma comuna. E acrescenta:

Comuna é uma nova e péssima designação de um acordo pelo qual todos os chefes de família pagam aos senhores, apenas uma vez por ano, o tributo usual da servidão e, se cometem um delito infringindo as leis, saldam-no por um pagamento legal; também ficam inteiramente livres das demais cobranças usualmente impostas aos servos. O povo, agarrando esta oportunidade para se libertar, juntou grandes somas de dinheiro a fim de saciar o desejo de tantos (senhores) avarentos; e estes, contentes com a quantidade de dinheiro que lhes chovia em cima, prestaram juramentos, comprometendo-se no assunto.

(Fonte: NOGENT, G. *De vita sua sive monodiarum*, liber III, cap. VII. In: MIGNE, J. P. *Patrologiae Latinae*, t. 156, p. 922.)

O espaço urbano é dinâmico, aberto, horizontal, e por ele circulam pessoas de diferentes origens sociais, como se pode ver na ilustração do manuscrito italiano de 1470. Observe a área rural próxima da cidade.

No sistema feudal, criado num mundo rural, as relações sociais eram pessoais e ocorriam de cima para baixo: senhores, vassalos, rendeiros, servos. Quer dizer, eram relações verticais. No meio urbano, as pessoas, mesmo os servos fugitivos, tornavam-se juridicamente livres. Todos se mantinham unidos por um juramento coletivo, por um pacto comum. As relações, no plano jurídico, ocorriam de forma horizontal. A desigualdade jurídica, portanto, existia entre a comunidade e o senhor. As primeiras reivindicações urbanas tiveram o objetivo de diminuir os poderes senhoriais. As comunidades lutaram muito para obter isenções de impostos e liberdade político-administrativa.

LIBERDADE URBANA E AUTONOMIA

O desejo inicial das cidades era adquirir uma carta de franquia. Como já dissemos, por meio desse documento o respectivo senhor reconhecia o direito de administração da comunidade e estabelecia obrigações fixas para os habitantes. A carta, portanto, garantia maior independência aos integrantes das comunidades urbanas, que poderiam desenvolver melhor suas atividades, livrando-se dos abusos e da exploração dos senhores.

Para termos uma ideia dos abusos dos senhores, podemos narrar uma revolta ocorrida na cidade de Colônia (Alemanha) em 1074. Colônia não possuía carta de franquia. Estava totalmente sujeita à autoridade do arcebispo Annon, senhor da cidade.

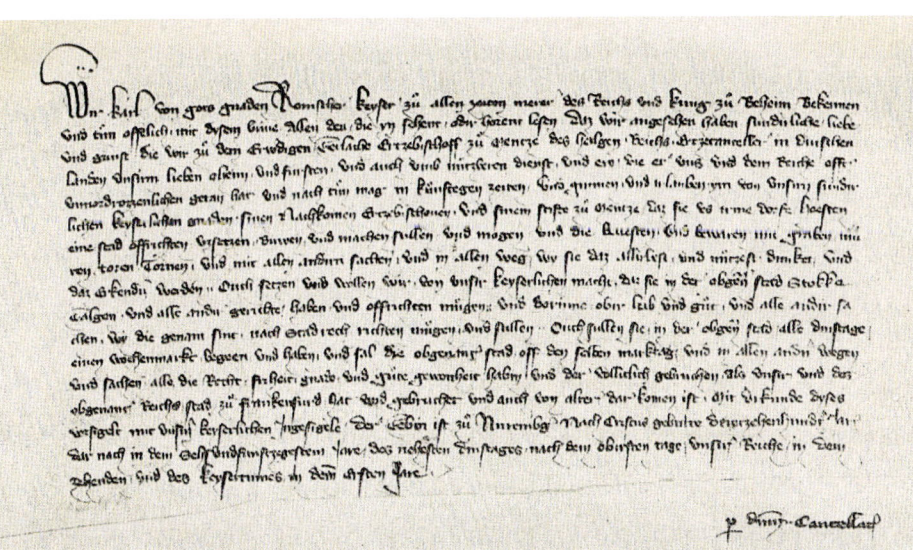

Carta de franquia concedendo liberdade à cidade de Höchst, na Alemanha, em 1355.

Reconstituição de uma cena medieval feita por ilustradores do século XIX, com o conde Godofredo de Anjou assinando a carta de franquia diante dos burgueses da cidade de Mans, no Oeste da França, na primeira metade do século XII.

Certo dia, quando um mercador estava prestes a sair de barco pelo rio Reno para vender suas mercadorias, o arcebispo exigiu que o homem desviasse completamente o curso da viagem para levar um bispo amigo seu até a região de Münster. Temendo prejuízos, pois Münster distava muito do local em que as mercadorias seriam vendidas, o negociante negou-se a cumprir a ordem. Irritado, o arcebispo decidiu puni-lo.

O primeiro a se revoltar foi o filho do mercador; depois, toda a comunidade entrou em rebelião. A questão, agora, não dizia respeito apenas a um caso particular. Os habitantes de Colônia, em sua insurreição, expressavam a repulsa por todas as arbitrariedades cometidas pelo arcebispo.

Os acontecimentos surpreenderam as autoridades e despertaram vivas críticas dos religiosos em relação ao comportamento dos habitantes da cidade. Veja a seguir a opinião do cronista Lamberto de Hersfeld, registrada na obra *Annales*, no fim do século XI:

> [...] O tumulto da cidade havia-se finalmente aquietado um pouco. Mas o jovem (filho do negociante prejudicado), que estava de ânimo exaltado e ensoberbecido pelo seu primeiro sucesso, não deixava de provocar todo o distúrbio que podia. Percorrendo a cidade, fazia discursos ao povo acerca da insolência e austeridade do arcebispo, que lançava injustas sobrecargas, despojava os inocentes de sua propriedade e insultava os honestos cidadãos com as suas impudentes palavras.

(Citado por ESPINOSA, F. *Antologia de textos históricos medievais*. Lisboa: Sá da Costa, 1972. p. 211.)

© Biblioteca Real de Florença

Concessão de uma carta de franquia pelo senhor aos habitantes de uma cidade. (Miniatura florentina do século XV.)

No final, com a ajuda dos vassalos e de outros senhores feudais, o arcebispo Annon conseguiu vencer a resistência da comunidade. Exigiu dos moradores uma multa bastante alta como punição pela desobediência coletiva.

Os senhores em geral, principalmente os religiosos, negavam-se a conceder carta de franquia. Em muitos casos, esse direito só foi adquirido após sangrentos conflitos. Em 1167 os habitantes de Béziers, cidade do sul da França, sublevaram-se contra o visconde Rogério II porque este se recusava a fornecer-lhes uma carta. Na revolta, o visconde acabou por ser morto.

Em 1111 os habitantes de Coimbra revoltaram-se contra dom Henrique, conde de Portugal: queriam que ele lhes garantisse direitos administrativos. Os representantes do conde foram expulsos pela população para fora dos muros de Coimbra. Dom Henrique tentou vencê-los usando a força, mas não conseguiu obter sucesso. Por fim, teve de ceder às reivindicações. A cidade adquiriu sua carta, com amplos privilégios fiscais e administrativos.

No século XIII as comunidades urbanas já haviam alcançado relativa independência em relação ao poder senhorial. Geralmente tinham um conselho, isto é, um órgão representativo responsável pela administração municipal.

Os magistrados, líderes das comunidades, desempenhavam funções que antes eram controladas pelos funcionários dos senhores. As decisões dos magistrados afetavam praticamente todas as atividades ligadas à vida urbana: cuidavam da

Os conflitos e as decisões coletivas mais importantes eram resolvidos em assembleias, das quais tomavam parte os principais moradores da comunidade. É o que se pode ver nesta ilustração de uma assembleia em Hamburgo, Alemanha, em 1497.

manutenção dos edifícios públicos, tomavam conta dos mercados e feiras, exerciam certo controle sobre os preços, os salários e sobre as condições de trabalho.

Fazer parte do governo municipal significava, portanto, acumular prestígio e influência.

LIBERDADE SEM IGUALDADE

Apesar do esforço das cidades para se livrar da opressão senhorial, existiam distinções sociais, políticas e econômicas entre os moradores de uma mesma comunidade. Embora houvesse igualdade jurídica, a administração geralmente esteve nas mãos dos poderosos.

Os documentos escritos são muito claros a esse respeito. Os textos mencionam pessoas extremamente influentes nos municípios, chamando-os de "magnatas". Esse grupo era composto de pessoas provenientes de famílias nobres que deixaram o campo para viver nas cidades. Eram grandes proprietários de terras ou então indivíduos ligados ao comércio e ao empréstimo de dinheiro.

Essas famílias de magnatas tinham peso na vida urbana. Elas possuíam aliados e ardorosos defensores. Até o século XIII a maior parte dos cônsules, isto é, dos componentes do conselho municipal, ou era integrante do grupo, ou estava ligada a ele.

Outras pessoas também ganharam espaço político: os comerciantes. Nos textos eles são designados como "gente bem de vida". Juntamente com os magnatas, ou então contra eles, os burgueses aos poucos foram dominando os órgãos de representação das cidades. O governo dos comerciantes e dos nobres formava o que os historiadores chamam de patriciado, quer dizer, um governo controlado por um pequeno número de famílias cujo poder e prestígio dependiam da riqueza que possuíam.

Os comerciantes estavam organizados em associações profissionais chamadas corporações, guildas ou artes, isto é, associações profissionais integradas pelos mestres de cada ofício. Por meio delas, os integrantes conseguiam impor o preço dos produtos e os horários de trabalho dos operários, proibiam a concorrência entre os participantes e previam as punições para o associado que não viesse a cumprir com as normas do grupo.

As corporações eram agrupamentos econômicos por meio dos quais os integrantes conseguiam expressar coletivamente seus interesses. Até o fim do

Negociantes italianos. Detalhe de afresco de Pietro Lorenzetti.
Igreja de São Francisco, Assis, Itália, 1320.

século XIII, as associações de comerciantes influenciaram imensamente o governo das cidades. A presença de seus componentes na administração urbana facilitava, sem dúvida, o domínio do grupo.

Vejamos um exemplo de como isso ocorria na história de um comerciante que viveu no século XIII, Jehan Boinebroke.

Esse comerciante viveu numa região bastante desenvolvida no norte da França, na cidade de Douai. Não sabemos ao certo quando nasceu. Atuou em sua comunidade da metade do século XIII até o ano de 1286, quando morreu.

Afresco de Simone Martini, pintado na parede do Palácio Público de Siena, Itália.

Retrato equestre de um importante mercador de Siena, Guidoriccio da Fogliano, 1328-1330. Detalhe do afresco de Simone Martini, acima.

Suas atividades lembram muito as dos burgueses atuais. Comprava lã na Inglaterra, vendendo-a em seguida aos artesãos de Douai. Comprava tecidos dos artesãos, revendendo-os em outras localidades. Era usurário, isto é, um emprestador de dinheiro a juros, conhecido hoje como agiota. Adquiriu várias casas em Douai e outros imóveis nas aldeias vizinhas. Entre 1243 e 1280, ocupou pelo menos nove vezes a função de representante da cidade no conselho municipal.

Após sua morte, a família resolveu indenizar todas as pessoas prejudicadas por ele. As vítimas reclamavam de todo o tipo de fraudes: falta de pagamento, cobrança de juros altíssimos e outras formas de extorsão.

O exemplo de Boinebroke é revelador. As vantagens econômicas proporcionadas pelo controle dos cargos municipais eram imensas. Quem ocupava posição de mando podia influenciar as atividades produtivas dos habitantes de Douai. Além disso, tinha como beneficiar a si próprio, facilitando seus negócios e, principalmente, impedindo as reclamações e protestos das pessoas prejudicadas.

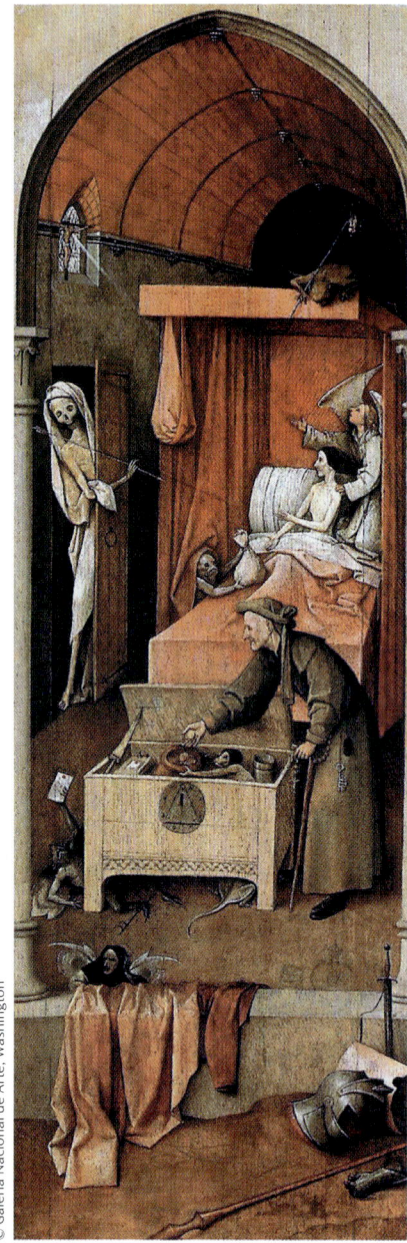

Nesta obra (*A morte do avaro*, óleo sobre madeira, 1490) de Hieronymus Bosch, o artista apresenta uma crítica ao acúmulo exagerado de riquezas pelos negociantes. Repare que a morte dirige sua seta ao corpo do emprestador agonizante, que é protegido por um anjo. Acima, um demônio o espreita, e ao pé da cama um demônio agarra as riquezas guardadas em seu baú.

6. "Depois da fome, a peste come"

EIS UM DITADO MEDIEVAL que merece nossa atenção: "Depois da fome, a peste come". A sabedoria popular mais uma vez consegue resumir num jogo de palavras, num trocadilho, uma determinada situação. O que quer dizer esse ditado? Quer dizer que corpos malnutridos, de pessoas mal-alimentadas, estão mais expostos às doenças, principalmente as contagiosas, e a todo tipo de peste.

A FOME

De fato, na Idade Média os pobres sempre estiveram sujeitos a estes dois tipos de problema: a fome e a doença.

Não foram poucos os momentos de penúria, de falta de alimentos. Da mesma maneira, do início ao fim da Idade Média, as epidemias dizimaram principalmente os pobres, matando-os impiedosamente.

Assim, em diferentes séculos e em diferentes situações, os pobres estiveram entregues à sua própria sorte. Em épocas de chuva abundante ou de seca prolongada, as colheitas eram afetadas e acabavam provocando a fome. Quem tinha mercadorias estocadas as vendia por preços muito altos ou, então, guardava-as para o próprio sustento. Nessas épocas, os pobres entregavam-se aos poderosos. Vendiam-se a si e aos filhos em troca de comida. Comiam animais domésticos, ratos, alimentos imundos ou ervas de qualquer tipo.

A prática da caridade era estimulada pela Igreja, e a esmola aos pobres aparece como um gesto esperado do bom cristão. Pintura em painel elaborada pelo mestre da Capela Rinuccini, c. 1350-1400.

Nos séculos XII e XIII, fase de crescimento demográfico e econômico, os períodos de fome não foram tão constantes. Mas nos seguintes, principalmente no século XIV, um período de dificuldades tomou conta da Europa. Após chuvas persistentes e rigores do clima, fomes brutais causaram o desespero e a morte de inúmeras pessoas.

As dificuldades naturais e a consequente diminuição da produção trouxeram um círculo de calamidades: mortalidade, subnutrição e falta de resistência dos sobreviventes.

Nos anos 1315-1316, praticamente toda a Europa, da Espanha à Rússia, da Itália à Inglaterra, sofreu com a diminuição da produção de alimentos.

Nesses dois anos, nas cidades de Ypres e Bruges, da rica região de Flandres, morriam de 150 a 190 pessoas por semana. De maio a outubro de 1316, aproximadamente 4.800 habitantes dessas duas cidades morreram de fome e inanição. Na mesma época, na cidade de Estrasburgo, na Alemanha, a fome era tão grande que, segundo os escritores da época, o povo comia crianças e até mesmo os cadáveres de condenados.

Portugal também sofreu com as crises de abastecimento. Cidades importantes, como Lisboa, Porto e Coimbra, foram prejudicadas pela queda da produção. No fim do século XIV um grande número de mendigos e vadios causava problemas às autoridades. Entre 1387 e 1496, durante pelo menos 21 anos, os portugueses sofreram as consequências da carestia.

Pessoas consideradas indesejáveis pelas autoridades municipais são expulsas da cidade (Ilustração do século XV).

AS EPIDEMIAS

A doença não foi problema exclusivo da Idade Média. Desde as mais antigas civilizações até os dias atuais, a doença se faz presente. Como ocorre nos dias de hoje, muitas enfermidades atingiam primeiro os mais pobres. A má alimentação e a falta de higiene e de condições para combater os males físicos e mentais faziam com que a doença, um problema individual, se transformasse também (como hoje) num problema social.

Doentes sendo atendidos no Hospital do Santo Spirito, fundado a mando do papa Inocêncio III em Roma. Ilustração do manuscrito do *Livre des statuts de l'hôpital du Saint Esprit*, Dijon, século XV.

Não foram poucas as doenças e deficiências físicas naquela época. Aleijados, estropiados, paralíticos, tuberculosos, pessoas com as mais variadas moléstias podem ser vistas nas pinturas e esculturas medievais. A Igreja mantinha alguns hospitais. Mas quantos doentes os hospitais podiam atender? Além disso, o preconceito era grande: pobreza, doença e vagabundagem eram quase sinônimos.

O que mais apavorava a todos eram as doenças contagiosas. Assim como a fome, as epidemias também mataram grande número de pessoas, principalmente nos séculos XIV e XV.

No início da Idade Média uma grande epidemia, vinda do Oriente, chamada Peste de Justiniano, matou muita gente na Itália, Espanha e França. Em 541, inúmeras pessoas das cidades italianas caíram vítimas da doença. Somente por volta de 760, depois de quinze surtos em várias regiões, é que os casos de morte por contágio começaram a diminuir.

A bactéria dessa doença, a *Pasteurella pestis*, é transmitida por um tipo de pulga cujo nome científico é *Xenopsylla cheopis*. Essa pulga vivia em geral nos ratos, seus hospedeiros, responsáveis pela propagação da doença.

Depois de contraída, a doença poderia ser transmitida pelo próprio portador. Os sinais mais comuns de contágio eram distúrbios nervosos, problemas no coração, dores nos rins e nos pulmões. Depois de pouco tempo, o doente apresentava febre altíssima, de 40 °C a 42 °C. Era o sinal de morte certa, que acabava ocorrendo em poucos dias.

A quantidade de caixões enterrados ao mesmo tempo indica o impacto fulminante da peste negra de 1348 sobre a população europeia. Ilustração do livro *Anais*, de Giles de Muisit, século XIV.

No século XIV, novo surto voltou a flagelar a Europa. Trazida mais uma vez do Oriente, a chamada peste negra acabou se espalhando por todos os reinos ocidentais. De 1348 a 1351 dizimou pelo menos 25% da população urbana. Veja a seguir depoimentos de dois escritores italianos que foram testemunhas oculares da peste negra:

> A peste […] era tão forte que não somente pústulas… mas também tumores se formavam nas diferentes partes do corpo, ora no peito, ora nas pernas, ora nos braços, ora na região da garganta. Esses tumores eram como amêndoas a princípio, e sua formação era acompanhada de uma forte sensação de frio. Eles fatigavam e esgotavam de tal modo o organismo que a vítima não tinha forças para ficar de pé e ia para a cama febril, abatida e angustiada. Depois estes tumores cresciam até ficar do tamanho de uma noz, de um ovo de galinha ou de gansa. Eram muito dolorosos […].

(PIAZZA, M. *Historia secula ab anno 1337 ad annun 1361*. Citado por DUBY, G. *A Europa na Idade Média*. São Paulo: Martins Fontes, 1989. p. 119.)

Tão grande era o número de mortos que, escasseando os caixões, os cadáveres eram postos em cima de simples tábuas. Não foi um só caixão a receber dois ou três mortos simultaneamente. Também não sucedeu uma vez apenas de esposa e marido, ou dois e três irmãos, ou pai e filhos, serem enterrados no mesmo féretro […]

Florença durante a peste negra, numa ilustração do livro *Decameron*, copiado na França durante o século XV. Observe que, no canto esquerdo, os pestilentos são enterrados, enquanto do outro lado as pessoas tentam evitar o contágio no campo, perto de uma fonte.

Passados esses anos terríveis, surgiram novos casos de epidemia. Em 1374 houve ocorrências de peste no sul da Inglaterra e em 1379 já alcançava o norte. As cidades de Norfolk, Cambridge, York e principalmente Londres foram duramente atingidas. Na França, as pestes castigaram o povo em todas as partes do reino. As cidades de Paris, Tours e Poitiers foram vitimadas até o fim do século XV.

© The Bridgeman Art Library/Grupo Keystone – Coleção particular

Os filisteus são atingidos pela praga, nesta ilustração da Bíblia de Nuremberg, século XV.

Como consequência direta da fome e das epidemias, houve uma diminuição acentuada da população. Na Inglaterra, por exemplo, a redução de vidas foi imensa. Em 1348, ano da peste negra, a Inglaterra tinha aproximadamente 3,7 milhões de habitantes. Meio século depois, esse número era de 2,1 milhões. A baixa demográfica foi de aproximadamente 44%.

Em Pistoia, região rural da Itália, a população era de 23.964 pessoas no ano de 1244. Desse ano até 1383 o número baixou para 14.178. Em 1404 não havia mais de 8.990 habitantes. Em menos de duzentos anos houve um decréscimo de dois terços da população.

É nesse contexto de catástrofe, fome e grande mortalidade que irão estourar inúmeros conflitos entre pobres e ricos nas cidades, levantes e revoltas populares no campo.

7. Reis, guerras e tributos

PARA ENTENDER OS MOVIMENTOS POPULARES ocorridos nos séculos finais da Idade Média, ou seja, na Baixa Idade Média, precisamos ter em mente mais uma questão: a época das revoltas coincidiu com o momento em que renascia a autoridade política dos reis.

Desde o século XII várias dinastias, isto é, várias famílias de monarcas europeus, procuraram assegurar sua autoridade dentro dos respectivos reinos.

Na Alemanha e na Itália, que faziam parte do Sacro Império Romano-Germânico, a família dos Hohenstaufen esforçou-se para limitar os poderes da alta nobreza germânica, a autonomia das poderosas cidades italianas e a autoridade dos papas.

Na França, a dinastia dos Capetíngios, surgida em 987, desde o século XII travou uma luta pelo reconhecimento da autoridade da realeza sobre os grandes senhores feudais. No início do século XIV, os últimos integrantes dessa família haviam praticamente unificado o reino. A partir de 1328, a dinastia dos Valois deu continuidade ao processo, já iniciado, de consolidação do poder real.

Na Inglaterra, a dinastia dos Plantageneta conseguiu afirmar-se politicamente desde a metade do século XII. A partir do século seguinte, a nobreza inglesa limitou parte do poder da monarquia, impondo cada vez mais a sua voz depois da decretação, em 1215, da Magna Carta, documento legislativo imposto

Reinos da Europa Ocidental.

ao rei João-Sem-Terra. O poder pessoal do rei diminuiu, mas o poder da coroa aumentou. O Parlamento, assembleia representativa, integrada inicialmente pelos grandes barões, ganhou força. Os funcionários da monarquia atuaram intensivamente nos séculos XIII e XIV, controlando a população e as atividades do reino.

Após o século XIII, os muçulmanos, que ocupavam regiões da Espanha e de Portugal, foram praticamente vencidos pelos cristãos, e dinastias fortes procuraram reorganizar as forças sociais. Em Aragão, Navarra e Castela, os reis cristãos apoiaram-se na nobreza para conter o inimigo islâmico, atraindo para si os benefícios da guerra.

A primeira família de monarcas portugueses, da dinastia de Borgonha, e seus sucessores, da dinastia de Avis, realizaram, do século XII ao XV, um lento trabalho visando à centralização do poder. No final do século XIII, a autoridade dos reis portugueses era reconhecida pelos grupos sociais dominantes do reino.

A corte de um governante do Sacro Império Romano-Germânico em meados do século XIII. Ilustração dos poemas intitulados *Carmina Burana*.

AS GUERRAS

A autoridade real tornou-se maior quando as diversas dinastias começaram a organizar um corpo de funcionários assalariados, responsáveis pela administração das várias regiões dos reinos. Após a anexação de feudos importantes, os governantes instalavam seus agentes nessas terras. Esse grupo de servidores das monarquias, espécie de "funcionalismo público", garantiu em cada localidade os interesses dos soberanos.

Em geral, o rei tinha a seu dispor, instalados nas várias localidades, homens com a responsabilidade de tomar conta da segurança do reino. Esses homens serviam de ponto de ligação entre o monarca, os chefes das cidades e os senhores feudais. Além de guerreiros, os homens do rei tinham ao seu dispor escribas, mensageiros etc.

A força de um governante dependia da quantidade de guerreiros de que ele poderia dispor. Até o século XIV, em momentos de necessidade os reis solicitavam ajuda militar aos nobres e às cidades. No século XV, depois de muitas guerras, surgiram exércitos permanentes, compostos de soldados profissionais e pagos a soldo, isto é, a dinheiro.

A guerra entre reinos colaborou bastante para essa transformação. Entre 1337 e 1453, França e Inglaterra travaram um longo conflito, conhecido como Guerra dos Cem Anos. Além da França, os ingleses tinham outros inimigos, como os escoceses, contra os quais também moveram guerras. Para completar o quadro, a guerra acabou opondo os próprios ingleses. Em 1450, as duas famílias mais poderosas do reino lutaram entre si, visando à obtenção do trono.

Arqueiros franceses, liderados por Joana d'Arc, durante o cerco da cidade de Orleans, em 1428-1429. Miniatura do livro *Vigiles de Charles VII*, 1484.

Esse conflito, dos duques de Lancaster contra os condes de York, conhecido como Guerra das Duas Rosas, aumentou ainda mais o número de mortos e vítimas da violência generalizada.

Nos reinos espanhóis e em Portugal, a situação não era melhor. Desde o final do século XIII até o século XV, houve seguidos conflitos entre eles por questões dinásticas, de modo que, na metade do século XIV, o estado de guerra na Península Ibérica tornou-se permanente. Famílias nobres, como a dos Trastâmara, derramaram muito sangue até assumir o trono de Castela. Além disso, os castelhanos eram inimigos tradicionais dos portugueses.

Na Itália e na Alemanha, os conflitos armados dominaram o cenário político. Os exércitos das grandes cidades eram mobilizados para combater as cidades rivais. Os homens de armas, de famílias poderosas, combatiam os soldados financiados pelas autoridades municipais. Na Europa Oriental, as tropas dos príncipes lutavam continuamente para que seus líderes fossem eleitos para o trono do Império Germânico.

Nos séculos XIV e XV, o número de combatentes a pé aumentou, e a infantaria, os arqueiros e a artilharia passaram a ter maior importância nos combates. Ilustração francesa do século XV.

Os mercenários, soldados pagos, e os capitães de exército não poupavam o povo. Na luta, eram guerreiros temíveis. Em tempos de paz, representavam perigo para a segurança do camponês e para a tranquilidade das cidades. A pilhagem, o incêndio e o roubo, assim como a violação e o estupro, foram atos costumeiros desses profissionais da morte, como nos informa Thomas Basin, um escritor contemporâneo da Guerra dos Cem Anos:

> […] Os homens armados de ambos os lados [França e Inglaterra], que atacavam constantemente uns aos outros, prendiam os rústicos em castelos ou em fortalezas, mantendo-os em prisões fedorentas ou no fundo dos poços, maltratando-os de várias maneiras até receberem um resgate […].
>
> E era tal a ambição e a crueldade no coração desses pilhadores que não nutriam qualquer espécie de compaixão diante das súplicas dos pobres. Piores que os animais, a maior parte dos saqueadores sentia um prazer especial em maltratar os camponeses inocentes, entregues ao seu poder […].
>
> No caso de falta de pagamento, as vítimas que ficavam como reféns eram tratadas de forma desumana, ou então os próprios camponeses eram massacrados, ou então suas casas eram incendiadas durante a noite.
>
> (BASIN, T. *Histoire de Charles VII*. Paris: Les Belles Lettres, 1933. p. 347.)

OS IMPOSTOS

As guerras, o exército e a centralização mantidos pelas monarquias também prejudicavam os pobres de outra forma, talvez muito mais séria. Eram os súditos que financiavam tudo isso. Como? Pagando impostos!

Um governante realmente forte precisava exercer suas funções. Assim, ele dependia de recursos financeiros para pagar auxiliares administrativos e soldados, financiar guerras e manter boas relações "diplomáticas" com os vizinhos.

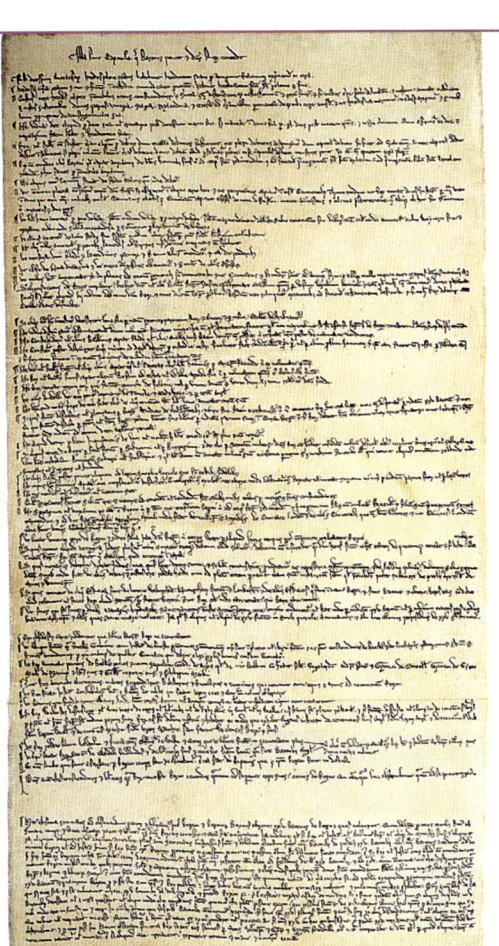

Magna Carta, documento inglês de 1215, na qual o rei João-Sem-Terra compromete-se a não fixar impostos nem fazer pedidos financeiros aos habitantes do reino sem consenso geral.

Como grande senhor feudal, o monarca geralmente possuía rendas pessoais obtidas das terras sob sua administração direta. A partir do século XIII, além das rendas pessoais, os reis começaram a impor taxas a todas as pessoas do reino, menos aos nobres e a alguns importantes homens da Igreja.

Surgiram impostos diretos, isto é, tributos exigidos de todos os súditos pela simples razão de fazerem parte do reino. As aldeias ou cidades deveriam pagar essa taxa de acordo com o número de casas existentes (dizia-se "de acordo com o número de fogos", isto é, de lareiras).

Esses impostos diretos, chamados de capitação, ou seja, imposto por cabeça, poderiam ser obtidos de duas formas:

- ✦ O valor total do imposto poderia ser dividido igualmente pelo número de moradores de uma comunidade. Nesse caso, o valor a ser pago por família dependeria do número médio de pessoas por "fogo". Isto é, a soma das cotas dos "fogos" resultaria no imposto global.

- ✦ Num outro caso, o valor a ser pago por "fogo" variava de acordo com a proporção de riqueza de cada família. Os mais ricos pagariam uma cota superior em relação aos mais pobres. As pessoas extremamente pobres, nesse caso, poderiam simplesmente ser isentas.

Moeda medieval.

Os reis impuseram também vários tributos indiretos, ou seja, impostos sobre a produção e a circulação de mercadorias. Havia ainda impostos extraordinários, cobrados especialmente nas épocas de guerra.

Além disso, os soberanos, sempre em busca de dinheiro, procuraram controlar a emissão e a circulação de moedas nos seus respectivos reinos. Ao contrá-

Oficina de cunhagem de moedas. Ilustração do livro de Nicolas de Oresme, *De moneta*. Flandres, fim do século XV.

rio da época feudal, em que circulavam várias moedas, a partir do século XIII só os monarcas podiam autorizar a cunhagem. A moeda do rei, portanto, acabou suplantando as outras existentes e impondo-se como moeda do reino.

Em momentos de dificuldade financeira, os governantes autorizavam a emissão de maior quantidade de dinheiro. Assim, cunhavam-se novas moedas com o mesmo valor oficial, mas com menor quantidade de ouro ou prata. Consequência: desvalorização do dinheiro!

Foi o que ocorreu na França e em Portugal, por exemplo. Entre 1250 e 1500, a moeda circulante na França sofreu desvalorização de aproximadamente 233%. No ano de 1325, com 19 libras portuguesas adquiriam-se 235 gramas de prata. Em 1436, pouco mais de cem anos depois, essa mesma quantidade de prata valia 25 mil libras!

Havia impostos em grande quantidade, inflação crescente, violências da guerra, fome e pestes. Diante dessa cruel realidade, a sociedade reagiu, em particular os mais oprimidos.

8. Revoltas contra os impostos

NO CONTEXTO DE CRISE SOCIAL dos séculos XIV e XV, os reis e seus funcionários desempenharam significativo papel político. Em defesa da elite rural e urbana, os governantes ou as assembleias dos reinos procuraram estabelecer normas e leis, impondo-as aos súditos logo após a grande peste de 1348.

Em 1349 foram criadas leis no reino de Aragão com o objetivo de controlar salários e preços. Dois anos depois, em 1351, os funcionários da monarquia inglesa receberam ordens do rei Eduardo III para aplicar a lei conhecida como *Estatuto dos Trabalhadores*, que visava, entre outras coisas, tornar o trabalho obrigatório. Ao mesmo tempo, Afonso V, rei de Portugal, determinava que os salários fossem tabelados. Na França, o rei João, o Bom, também criou normas legais para controlar os salários e obrigar os mais pobres a não abandonar o local de trabalho. Veja a seguir alguns trechos dessas leis:

> Que cada homem e mulher do nosso reino de Inglaterra, de qualquer condição que seja, livre ou servo, apto de corpo e com menos de 60 anos, que não viva de comércio nem exerça qualquer

ofício, nem possua de próprio com que possa viver […] será obrigado a servir àquele que assim o convoca; e levará apenas o soldo, pagamento, remuneração ou salário que era de costume serem dados nos locais onde era obrigado a servir no vigésimo ano do nosso reinado em Inglaterra [1347], ou nos cinco dos seis anos comuns anteriores.

[…] E se qualquer homem ou mulher, sendo assim convocado para servir, não o fizer, e isto for provado […] será imediatamente preso […] e enviado para o cárcere próximo, permanecendo aí debaixo de estreita vigilância, até que dê a garantia de servir na forma acima dita.

(Estatuto dos Trabalhadores. Citado por ESPINOSA, F. *Antologia de textos históricos medievais*. Lisboa: Sá da Costa, 1972. p. 330.)

No final da Idade Média, a preguiça, a ociosidade e outros vícios passaram a ser condenados pelas autoridades religiosas e civis, como se pode ver nesta ilustração do livro de Santo Agostinho, *De Civitate Dei*, cujo manuscrito francês data do início do século XV. A parte superior representa os santos, no Céu. Na parte inferior estão aqueles que se preparam para o Céu através do exercício das virtudes cristãs ou estão sendo excluídos dele por pecarem.

Condenação moral da preguiça. Sob o olhar vigilante da Virgem Maria, um camponês preguiçoso dorme ao lado do arado. Ilustração da *Somme du Roi*, século XV.

Porque várias pessoas, tanto homens quanto mulheres, mantêm-se em ociosidade pela cidade de Paris… e não querem expor os seus corpos a fazer qualquer trabalho, antes vagabundeiam uns, e outros permanecem em tabernas e bordéis; é ordenado que […] se prontifiquem a fazer alguma tarefa de labor, com que possam a vida ganhar, ou evacuem a cidade de Paris… dentro de três dias a contar deste pregão. E, se após os ditos três dias aí forem encontrados ociosos, ou jogando dados, ou mendigando, serão presos e levados à prisão a pão, e assim mantidos pelo espaço de quatro dias… e quando forem libertados da dita prisão, caso sejam encontrados ociosos ou sem bens com que possam manter a vida, ou sem aval de pessoa idônea, sem fraude, para que façam trabalho ou prestem serviço, serão postos no pelourinho; e a terceira vez serão assinalados na testa com ferro em brasa, e banidos dos ditos lugares.

(Ordenação de João, o Bom, promulgada em fevereiro de 1351. Citada por DUBY, G. *A Europa na Idade Média*. São Paulo: Martins Fontes, 1989. p. 115.)

Vários reis, vários reinos, várias leis. Por que o conteúdo das normas era tão semelhante? Ocorre que, em virtude da mortandade provocada pela peste, a mão de obra tornou-se escassa. Ao manter os salários pelo mesmo valor de antes da peste, e sem considerar a grande procura de mão de obra, os governantes tentaram beneficiar os senhores. Para evitar resistência e resolver o problema de queda da produção, as leis tornavam o trabalho obrigatório.

Numa situação como essa, muitas vezes o pagamento de impostos representou a gota d'água. Nos momentos de explosão da ira popular, no campo e nas cidades, os alvos imediatos eram os ricos e os funcionários reais, especialmente os cobradores de impostos. Nessas manifestações violentas, os menos favorecidos expressaram o profundo descontentamento em relação à opressão exercida pelo poder institucionalizado.

ESTEVÃO MARCEL E OS ESTADOS-GERAIS

As revoltas contra o fisco ocorreram principalmente na França. Em meados do século XIV, os reis franceses, além dos profundos desequilíbrios gerados pelas epidemias, tinham outros problemas graves para resolver, como a Guerra dos Cem Anos, na qual a França não estava tendo êxito. A cavalaria, composta de nobres, foi vencida na Batalha de Crécy, em 1346. Dez anos depois, em 1356, os franceses perderam novamente, dessa vez na Batalha de Poitiers. O próprio rei João, o Bom, caiu prisioneiro. Os ingleses, inimigos temíveis, invadiram o território francês.

Foi nesse contexto que apareceu em cena Estevão Marcel. Ele era o representante oficial dos comerciantes parisienses e, além disso, um nome bastante conhecido entre os artesãos. Era o líder da burguesia e o mais destacado chefe da cidade nos estados-gerais — assembleia com poderes para deliberar sobre certos assuntos que diziam respeito aos problemas do reino.

Aproveitando-se da fraqueza momentânea da realeza, Marcel ganhou destaque nos estados-gerais, convocados pelo regente que substituía o monarca, em virtude da difícil situação do reino. Nos anos 1356 e 1357, a popularidade do representante dos burgueses era imensa. Ele propôs que a assembleia se reunisse anualmente, independentemente da convocação real. Exigiu o afastamento de certos ministros e mudanças na cobrança de impostos.

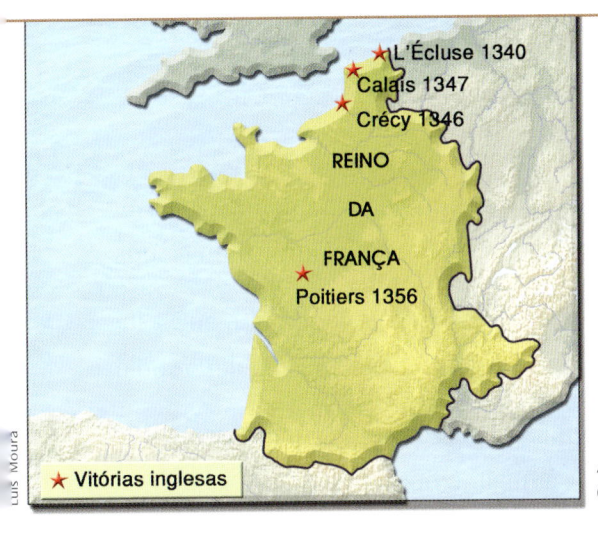

A França no início da Guerra dos Cem Anos.

Representação dos principais grupos sociais que atuaram nos reinos dos séculos XIV-XV, conhecidos como estados-gerais. Acima, nobres e reis; abaixo, camponeses e mercadores, isto é, o povo. Gilles de Rome, *Le regime des princes*, século XV.

Com o tempo, as propostas de reforma ganharam o ar de rebelião aberta. Marcel e seus partidários controlaram Paris, forçando a retirada do regente Carlos. Os conflitos armados opondo as tropas da Coroa e os populares aumentavam a cada dia. Aproveitando-se da insatisfação de outras cidades por causa da cobrança de impostos, Marcel tentou atraí-las para o seu lado. Falhou.

O assassinato de Estevão Marcel. Ilustração da obra *Chroniques de Flandres*, de Jean Froissart, século XV.

Durante algum tempo, Marcel conseguiu manter-se na liderança do movimento geral de insatisfação. Mas, depois, perdeu o controle. As cidades rebeladas não o apoiaram. Acabou sendo assassinado por um nobre chamado João Maillart. Sua morte acalmou temporariamente o estado generalizado de agitação no reino.

REI NOVO, NOVOS IMPOSTOS

Atualmente a arrecadação de impostos é um expediente corriqueiro para qualquer governo. Habituamo-nos a "contribuir" com o fisco ao praticar as mais diversas atividades no campo do trabalho.

Pensemos um pouco na palavra imposto. Pode significar, ao mesmo tempo, contribuição, tributo, ônus ou, então, algo aceito ou realizado à força. De um velho imposto chamado quinto, existente no tempo em que o Brasil ainda era colônia, surgiu a expressão "quinto dos infernos". Hoje, só para citar um exemplo, temos o imposto de renda, conhecido popularmente entre nós por "leão".

Bênçãos do bispo durante uma feira nas planícies de St.-Denis, França.

Mercadores de rua vendendo pães, frutas e legumes. Afresco de autoria anônima no Castelo de Issogne, Val d'Aosta, Itália.

Pagar imposto é parte de nossa condição de cidadãos. A contribuição aos cofres públicos (por mais que a história do Brasil recente desminta) propicia a reversão do valor arrecadado em benefícios sociais. Ora, na Idade Média, certos benefícios sociais, como a educação e a saúde pública, não faziam parte das obrigações dos governantes. O pagamento das "ajudas" requisitadas constituía um fardo difícil de suportar.

Alguns impostos eram particularmente odiados pela população. É o caso da *gabela*, taxa cobrada sobre a venda do sal. De fato, o sal, produto habitual em nossas casas nos dias de hoje, fazia-se muito mais necessário na Idade Média, pois, além de ser utilizado como tempero, permitia a conservação da carne e do peixe. Era uma mercadoria muito cara, pois a exploração das salinas esteve sob controle dos senhores feudais e, depois, da monarquia.

Os franceses do fim do século XIV não estavam habituados a pagar impostos permanentes. Uma série de turbulências acompanhou a decisão dos reis de decretar a solicitação de "ajudas" constantes. As revoltas mais espetaculares ocorreram no período de governo do rei Carlos VI, o Louco. De 1380 a 1382, uma onda

O cobrador de impostos, ao centro, era uma figura especialmente detestada pela população dos reinos. (Iluminura de 1331.)

Pilhagem de uma cidade pelas tropas dos reis franceses no fim do século XIV. Em manuscrito de *Chroniques*, de Jean Froissart.

interminável de tumultos, saques e depredações atingiu o reino. Os manifestantes expressavam à sua maneira o desejo de abolição total dos impostos.

Dois movimentos de contestação merecem referência por sua intensidade: o de Ruão, no norte da França, e o de Paris.

O primeiro ocorreu em janeiro de 1382, quando um decreto real instituiu a cobrança de impostos permanentes. Um mês depois, teve início uma rebelião conhecida pelo nome de *Harelle*.

A palavra *harelle* provém de *haro*, que no direito normando antigo significava forma de protesto judiciário. O movimento, portanto, foi um protesto contra as determinações da monarquia.

A agitação teve início quando aproximadamente duzentos artesãos das oficinas têxteis se amotinaram, atacando os soldados, abrindo as prisões e libertando os prisioneiros. A revolta ganhou alguma organização, pois um mercador de tecidos assumiu a liderança.

Durante três dias, os armazéns e os estoques dos comerciantes foram saqueados pelos rebeldes. Funcionários do rei acabaram sendo massacrados.

Comerciantes, monges, padres e judeus não escaparam da ira popular. Muitos sofreram ferimentos e outros morreram. Os rebeldes procuraram as listas de impostos, destruindo-as. Títulos de dívidas ou documentos que comprovavam obrigações para com os senhores desapareceram nas chamas.

Veja o retrato dos acontecimentos fornecido pelo cronista Jean Jouvenel de Ursins, na *Chronique du règne de Charles VI* (Crônica do reino de Carlos VI):

> Duzentos membros de ofícios manuais se sublevaram em Ruão. Foram à casa de um mercador de tecidos que denominavam o Gordo e o elegeram como chefe e rei [...]. Com medo de morrer, ele teve de obedecer. Eles o levaram ao Grande Mercado, e o fizeram ordenar que os impostos cobrados pelo rei deveriam ser suspensos [...]. E eles começaram a agredir e a assassinar os oficiais do rei por causa das "ajudas". Quando souberam que os religiosos da abadia de Saint-Quen desfrutavam de privilégios contrários aos interesses da cidade, dirigiram-se furiosos à abadia, destruíram a torre em que os documentos estavam guardados e os queimaram.
>
> (Citado por BENAERTS, L. e SAMARAN, C. *Choix de textes historiques*. Paris: Armand Colin, 1930. p. 244.)

Carlos VI, enfurecido, reuniu tropas, e estava a caminho de Ruão para conter a revolta quando foi informado da existência de outra, dessa vez em Paris. O rei teve de dar meia-volta e pacificar primeiro a capital do reino.

QUANDO O CORAÇÃO VERTE SANGUE

Em Paris, uma grande explosão de ira tomou conta de pelo menos treze bairros da cidade, causando a morte de aproximadamente trinta pessoas, entre as quais dezesseis judeus.

Um incidente aparentemente banal deu origem a uma insurreição. Segundo os escritores da época, um cobrador de impostos tentou tomar frutas e legumes de uma vendedora ambulante como forma de pagamento da gabela. A mulher começou a gritar "Abaixo os impostos" e isso foi o bastante. A população saqueou casas de cobradores e matou-os.

Representação da revolta dos *Maillotins*, de 1382, em manuscrito das *Chroniques*, de Jean Froissart.

Inicialmente, os sublevados não dispunham de armas muito perigosas. Usavam paus, pedras e pequenos instrumentos de corte. Alguns, porém, foram levados até um armazém onde estavam guardados 3 mil malhos de chumbo (bolas de chumbo atadas a correntes), armas utilizadas em guerra. A porta foi arrombada e a massa popular apoderou-se dos malhos e de marretas. Por causa disso a manifestação ficou conhecida pelo nome de *Maillotins*, isto é, revolta dos malhos de chumbo.

Bem armados, os rebeldes tornaram-se muito mais perigosos. A quantidade de insatisfeitos aumentou. A multidão percorria as ruas de vários bairros, saqueando as conveniências de mercadores e judeus e matando-os, além de matarem oficiais do rei. Muitas pessoas disseram, depois do levante, que foram obrigadas a aderir ao movimento com medo de serem confundidas e agredidas pela massa popular.

O cronista Jean Jouvenel de Ursins deixou um vivo relato da retomada de Paris pelo jovem rei Carlos VI, em janeiro de 1383. Diz ele que, antes de marchar para a capital, o soberano enviou uma embaixada para anunciar sua chegada e intenção de entrar na cidade. Os representantes dos parisienses manifestaram publicamente, então, sua vontade de ver o rei dentro dos muros, mas primeiro entraram o Marechal e o Condestável da França, seguidos por quinze homens armados, "como se fossem para o combate", empunhando espadas.

Segundo o mesmo cronista, depois chegaram o rei e os duques de Berry, de Borgonha e de Bourbon, seus tios, seguidos pelos barões e demais nobres do reino, todos armados. Os soldados foram avisados para nada pilhar, sob pena de enforcamento, e aos parisienses foi avisado que entregassem as armas. As correntes dos portões foram quebradas, cada um dos chefes militares ocupou as torres, praças-fortes e estabelecimentos militares, e o rei foi levado ao palácio.

Junto com seu conselho, Carlos VI decidiu então como proceder na punição dos "cabeças" do movimento. Grande número de poderosos mercadores foi mandado para as prisões, e a seguir começaram as decapitações: três num dia, seis em outro, dez em seguida. Os parienses foram obrigados a permanecer em casa, fechados, e, conforme Jean Jouvenel de Ursins, "não houve quem não tivesse dúvida e medo".

Durante as execuções, as mulheres dos mercadores imploraram ao rei, todas vestido de negro, que tivesse pena e perdoasse seus maridos, mas as execuções continuaram. A própria duquesa de Orleans e os membros da Universidade de Paris rogaram ao soberano que mandasse executar apenas os principais da sedição. Num só dia de fevereiro foram decapitados seis dos membros do conselho da cidade, entre os quais Jean des Mares, cavaleiro, conselheiro real e integrante do Parlamento de Paris. Era grande a dor e a miséria, e então, no último dia do mês, num domingo, todos foram convocados a comparecer diante do palácio, e lá estando os burgueses e as burguesas, humildemente, sem chapéus, o rei outorgou o perdão geral aos parisienses.

Depois de Paris, foi a vez do acerto de contas com os revoltosos de Ruão. Segundo os cronistas, Carlos VI entrou na cidade como um conquistador estrangeiro. Todas as armas dos habitantes tiveram de ser entregues às autoridades. Doze dos envolvidos foram executados em praça pública. Uma multa coletiva teve de ser paga por toda a comunidade rebelde. Ruão perdeu o estatuto de comuna, isto é, perdeu a liberdade administrativa, sendo governada daí em diante por oficiais do rei.

Com essas medidas, a "paz do rei" conseguiu ser estabelecida.

9. Movimentos populares urbanos

SEMELHANTES ÀS CIDADES DA ANTIGUIDADE, que se caracterizavam essencialmente como centros administrativos, políticos e religiosos, as cidades medievais também apresentavam essas características. Ganharam, porém, acentuado papel econômico, transformando-se em áreas produtoras distintas das extensas áreas rurais existentes ao seu redor.

As atividades urbanas não possuíam grande diversificação. A circulação comercial em geral era limitada e o desenvolvimento técnico, reduzido. De qualquer modo, o trabalho das comunidades medievais pode ser identificado como o ponto de partida das atividades urbanas atuais.

A fabricação de tecidos gozava de imensa importância nos centros urbanos mais desenvolvidos. Em sua maior parte feitos de lã, representaram o principal artigo comercializado pelos mercadores europeus. O mais importante centro têxtil, sem dúvida, era Flandres, onde hoje se localizam a Bélgica e a Holanda. As cidades italianas, especialmente Florença, também cresceram bastante em decorrência desse tipo de atividade.

Na Idade Média não existiam fábricas, no sentido moderno do termo. A unidade fundamental de produção era a oficina. A diferença entre a primeira e a segunda é considerável, começando pela capacidade produtiva: a fábrica produz muito mais. A oficina assemelhava-se a uma empresa familiar atual.

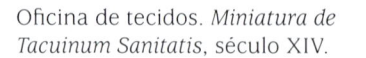

Oficina de tecidos. *Miniatura de Tacuinum Sanitatis*, século XIV.

Mercado de lã. Miniatura de Giovannino de Grassi, século XIV.

O chefe, o mestre-artesão, possuía as ferramentas utilizadas no trabalho, mas nem sempre a matéria-prima, que era fornecida pelo cliente, o comerciante. Ao contrário dos operários atuais, os artesãos inicialmente trocavam as mercadorias que produziam, não a sua força de trabalho. Quanto mais o artesanato se desenvolvia, mais os mestres-artesãos tornavam-se dependentes do financiamento comercial, perdendo o controle sobre o próprio trabalho e transformando-se lentamente em operários.

As oficinas reuniam algumas categorias menores de artesãos, sob a autoridade dos mestres. O grupo dos aprendizes era em geral integrado por jovens com mais de doze anos, associados aos mestres para aprender a profissão. Raramente recebiam salário, pois o objetivo era o aprendizado para a obtenção do grau de mestre no ofício.

O grupo dos companheiros, composto de trabalhadores que haviam acabado a aprendizagem sem ter alcançado a mestria, era numeroso. Antepassados diretos dos operários atuais, faziam todo o trabalho braçal nas oficinas, recebendo parte do pagamento em alojamento, vestimenta e alimentação.

Assim, em torno da produção têxtil, surgiram várias categorias profissionais de artesãos: os desfiadores de lã, bastante numerosos; os pisoeiros, cuja função, como o próprio nome indica, era amassar a lã para retirar-lhe as impurezas; as penteadoras e as fiandeiras, na maior parte mulheres, responsáveis pela separação das fibras da lã e pela fiação posterior; os tintureiros e tecelões, categorias de maior prestígio, dedicados ao serviço de acabamento, que exigia grande perícia e habilidade profissional.

Além dos trabalhadores têxteis, as cidades abrigavam outras categorias de artesãos: açougueiros, sapateiros, ferreiros, pedreiros e tantos mais que engrossavam a massa do "povo miúdo", dos "pequenos". A condição de cada categoria diferia de acordo com o valor do trabalho e com o grau de capacidade de organização.

O imperador Carlos Magno supervisiona a construção da Catedral de Aachen. Ilustração de *Recueil sommaire des chroniques françaises*, de Guillaume Crétin, século XVI.

O trabalho dos artesãos na construção da abadia de Saint-Denis, na França. Ilustração de Robinet Testard para *Les grandes chroniques de France*, século XV.

No século XIII, como já vimos, as corporações de artesãos começaram a aparecer no cenário político urbano. Nos séculos seguintes, essas associações passaram a disputar o poder na administração das comunidades, controladas até então pelas famílias de grandes comerciantes.

OS ARTESÃOS DE FLANDRES

Nas cidades da região de Flandres, a ascensão política dos mestres-artesãos, por meio das corporações, ocasionou violentos conflitos. Os artesãos desejavam ter representantes nos governos municipais que pudessem proteger seus interesses. As autoridades reagiram prontamente, reprimindo as manifestações ou, quando não podiam fazê-lo, solicitando a ajuda do conde de Flandres ou do rei da França.

Já em 1280 estouraram dois importantes movimentos populares. No mês de agosto, os tecelões atacaram os representantes do governo da cidade de Ypres, num movimento conhecido pelo nome de *Kokerulle*. No mês seguinte, a recusa ao pagamento de um imposto deu origem a uma grande sublevação dos artesãos da cidade de Bruges contra as autoridades municipais e contra o próprio conde de Flandres.

Apesar da repressão sangrenta, os levantes continuaram a explodir. Entre 1296 e 1301, mediante novas agitações, os artesãos conseguiram derrubar as antigas lideranças de Ypres, Bruges e Gand, assumindo o controle dos governos municipais.

O conde de Flandres pediu socorro ao rei Felipe IV, o Belo, mas as tropas da cavalaria acabaram sendo vencidas pelo exército popular na Batalha de Courtrai, em 1302.

Revoltas urbanas (séculos XIV e XV).

© DEA/W. Buss/De Agostini Picture Library/Getty Images

Estátua de Jacques van Artevelde, em Gand, Bélgica.

© White Images/Scala, Florence/Glow Images – Museu Condé, Chantilly

As revoltas eram seguidas de violenta repressão e os líderes eram executados publicamente. Ilustração do manuscrito *De casibus*, de Giovanni Boccaccio.

A vitória dos "unhas azuis", termo depreciativo empregado para identificar os artesãos (por causa da tinta dos tecidos), ocorreu numa época bastante conturbada para os representantes do poder no reino da França. Em 1337 iniciava-se a Guerra dos Cem Anos. Ora, boa parte da lã utilizada em Flandres provinha da Inglaterra. Isso fazia com que os líderes das cidades flamengas mantivessem relações com a Inglaterra, servindo, portanto, aos inimigos da monarquia.

Durante muito tempo, em virtude dos fracassos das tropas francesas na guerra, o governo dos artesãos teve de ser tolerado. Jacques van Artevelde, principal chefe militar e político flamengo entre 1338 e 1345, gozou enorme influência em virtude da situação delicada da monarquia. Somente em 1382, depois da sangrenta Batalha de Roosebecke, as tropas reais, obtendo a vitória, deram condições para que os representantes da monarquia pudessem reassumir o controle sobre a região.

OS OPERÁRIOS ITALIANOS

Na Itália, outro centro artesanal importante da Europa medieval, a administração das cidades permaneceu, durante o século XIV, sob o poder de indivíduos provenientes das influentes corporações que dominavam o comércio e a produção de tecidos. Essa administração, porém, não foi tranquila.

No decurso de todo o século, os operários italianos levantaram-se contra os governos aristocráticos. Nos idos de 1299, os líderes de Veneza viram-se em apuros contra uma grande manifestação popular. Tempos depois, os operários da seda e os marinheiros derrubaram temporariamente o governo dos nobres da cidade de Gênova, colocando em seu lugar Simão Bocanegra, com quem se identificavam mais. Da mesma forma, Cola di Rienzo, apoiado pelos populares, detestado pelos nobres e pela Igreja, assumiu o controle de Roma entre 1348 e 1354.

Os conflitos tornaram-se demasiado violentos em meados do século XIV. Justamente nesse momento as epidemias e a fome castigavam a população. As consequências sociais desses males afetaram muitíssimo as camadas populares, em particular na cidade de Florença. O governo florentino, como outros, optou pelo arrocho dos salários, despertando a ira popular. Em 1368 houve revolta e saque nos armazéns dos comerciantes. Dois anos depois, os tintureiros entraram em greve, exigindo melhores salários.

© Pavel Kirichenko/Shutterstock

Representação do centro do poder da república de Florença na Idade Média: o Palazzo Vecchio e a Piazza della Signoria.

O acontecimento mais espetacular, contudo, ocorreu em 1378. Nesse ano, a ordem política foi colocada em questão pela massa dos trabalhadores desqualificados. Esses operários miseráveis, chamados *ciompi*, que significava descalços, acabaram conquistando a administração municipal durante alguns meses. Isso foi possível depois que Salvestro de Médicis, inimigo das poderosas corporações dos mercadores, foi indicado para ser um dos componentes do governo.

Vendo-se pressionado, Salvestro denunciou as manobras dos graúdos e chamou o povo em seu auxílio. Os *ciompi* revoltaram-se e formou-se um novo grupo de representantes do governo. A nova administração, ao contrário da antiga, contou com integrantes de todas as corporações. Foram criadas corporações de artesãos e até mesmo uma corporação para os *ciompi*. O pavor da elite florentina transparece claramente nas palavras que o rico mercador Buonaccorso Pitti registrou em seu diário:

> Os trabalhadores ignorantes queimaram e saquearam uma quantidade de casas, expulsaram os priores [dirigentes das corporações] do palácio comunal [...]. Como membro da milícia, eu estava em serviço na praça quando os artífices e seus aliados vinham de volta, depois da expulsão do povo. Quando já todos os outros tinham sossegado, um canteiro, que estava claramente com intenções assassinas, continuou gritando: "Enforquem-nos! Enforquem-nos!". Dirigi-me para ele e disse-lhe que refreasse a língua, depois do que ele me deu uma estocada no peito com a ponta da espada. Rapidamente dei-lhe com a lança e, fazendo-a atravessar a sua túnica de couro, matei-o ali mesmo. Várias testemunhas que o tinham visto iniciar a questão declararam que eu havia agido em defesa própria e que ele merecia sua sorte [...].

(Citado por PEDRERO-SANCHEZ, M. G. *História da Idade Média*: textos e testemunhas. São Paulo: Edunesp, 2000. p. 106.)

Guarda armada em Florença. Iluminura das crônicas de Giovanni Vilani, 1390.

© Album/Oronoz/Album Art/Latinstock – Biblioteca Apostólica Vaticana, Vaticano

O governo popular, no entanto, durou pouco. Os interesses pessoais dos chefes do movimento falaram mais alto e as intrigas entre os novos governantes criaram condições para a revanche dos vencidos. Salvestro estabeleceu alianças com os "graúdos" e caiu em descrédito perante o povo. Miguel di Lando, um artesão que ganhou destaque como chefe popular, foi derrubado do governo em pouco tempo, e uma guerra geral tomou conta de Florença. As tropas financiadas pelos poderosos saíram vitoriosas. Os trabalhadores nunca mais voltaram a participar das decisões políticas de Florença.

OS ARTESÃOS E OS COMPANHEIROS ALEMÃES

Outra área de conflito foi a atual região da Alemanha. Desde 1300 as corporações dos artesãos lutaram em várias cidades para ganhar espaço nas decisões políticas dos governos municipais, promovendo luta feroz contra a burguesia e contra a nobreza germânica.

Ao retratar a vida de Santa Úrsula, em 1489, o pintor flamengo Hans Memling inseriu em sua pintura aspectos das atividades comerciais realizadas nas cidades germânicas no século XV.

Os levantes populares ocorreram em inúmeras cidades. Os mais violentos ocorreram nas comunidades dominadas exclusivamente pelos comerciantes. Em 1375 houve revoltas em Nordhausen e em Hamburgo, e os "pequenos" acabaram vencidos. Mas em outras cidades, como Constância, Viena e Colônia, a vitória coube aos artesãos.

De modo geral, podemos dizer que, por volta de 1400, as corporações de ofício desfrutavam prestígio político na maior parte das cidades alemãs. O objetivo dos artesãos nunca foi eliminar completamente os chefes tradicionais. Seu desejo era ganhar espaço nas decisões municipais.

O aumento de participação dos artesãos germânicos, porém, não trouxe melhorias para todas as categorias. Quanto mais a força das corporações aumentava, mais elas se fechavam para a participação dos trabalhadores desqualificados. Até o século XIV todos os artesãos, fossem mestres, aprendizes ou companheiros, podiam se inscrever nas agremiações profissionais. Mas do século XIV em diante, o ingresso dos companheiros — trabalhadores mais pobres — não foi mais permitido.

Os mestres controlavam as corporações. Só os mais ricos e influentes entre os profissionais tomavam as decisões, permitindo o ingresso apenas de filhos e genros. Assim, os artesãos qualificados lutavam para abrir as portas no governo municipal e, no mesmo instante, fechavam outras portas, tornando-se uma pequena elite.

Por causa disso, houve luta constante opondo os companheiros aos mestres-artesãos. Nessa luta, os mestres procuraram impedir que os companheiros conseguissem se organizar, embora estes tentassem inúmeras vezes criar suas próprias associações.

Desde 1321 houve tentativas de criação de associações de companheiros em algumas cidades. Quarenta e oito peleiros (trabalhadores de peles) deram início, em 1404, a uma agremiação em Estrasburgo. Mas só em 1421 é que se fundou uma associação geral da categoria de companheiros.

Uma forma bastante comum de manifestação dos companheiros era a greve. O nome, aliás, tem sua origem na Praça de Grève, de Paris, local em que os jornaleiros e companheiros daquela cidade eram recrutados. Embora fosse vista

Retrato de um rico burguês e sua esposa.
Pintura a óleo de Quentin Massys, 1514.

Detalhe da obra de
Quentin Massys.

como um delito, punida com multa e prisão, e às vezes até mesmo com a morte, essa forma de luta já era empregada pelos trabalhadores.

Na Alemanha, em 1329, os curtidores de lã de Breslau decidiram entrar em greve por um ano até receberem melhor pagamento pelos seus serviços. Quase cem anos depois, as autoridades municipais impediram uma manifestação de trabalhadores na cidade de Ruffach, onde iria ocorrer uma assembleia geral de operários da Alsácia e Bade para decretar a paralisação do trabalho.

Outra forma era o boicote. Os trabalhadores procuravam não oferecer seus serviços aos mestres-artesãos, muito exigentes, maus pagadores e opressores. Outras vezes se recusavam a prestar serviços nas cidades onde os salários eram baixos.

As negociações entre os trabalhadores mais pobres e os patrões eram difíceis. Em geral, os casos de conflito eram julgados pelos tribunais das corporações ou pela administração municipal. Tanto em um caso como em outro, a influência dos mestres ou dos comerciantes determinava o resultado a seu favor.

Houve momentos, entretanto, em que os empregadores tiveram de ceder às exigências dos trabalhadores. Em 1450, por exemplo, os companheiros da cidade de Colmar paralisaram as atividades. Os mestres haviam rebaixado o salário dos tecedores de linho. O Conselho de Colmar deu ganho de causa aos operários e os salários tiveram de ser pagos rigorosamente.

A cidade de Colônia foi importante centro comercial e artesanal no Império Germânico.

10. Rebeliões camponesas

A INSATISFAÇÃO DOS HABITANTES das áreas rurais deu origem a grandes movimentos de rebeldia. Os motivos decorreram da conjuntura de crise generalizada vivida no Ocidente europeu.

No início do século XIV havia camponeses que, beneficiados pelo desenvolvimento dos séculos anteriores, desfrutavam de boa situação. Pequenos proprietários conseguiram libertar-se do domínio senhorial. Havia comunidades de homens livres. Dependendo da região ou do país, entretanto, existiam ainda comunidades servis. Além disso, uma quantidade considerável de pessoas permanecia sem terra, vendendo seu trabalho em troca de produtos ou de dinheiro.

Aparentemente o alto índice de mortalidade decorrente das epidemias beneficiou os camponeses. A população rural diminuiu, em parte por causa das mortes, em parte porque muitos dos sobreviventes migraram para as cidades. O trabalhador tornou-se um objeto raro no campo. Essa raridade valorizou o preço do trabalho daqueles que sobreviveram aos horrores da fome e das pestes. A redução do número de trabalhadores causou queda na produção agrícola, prejudicando os proprietários. Ao mesmo tempo, a diminuição da produção fez com que os preços das mercadorias subissem, resultando em alta taxa de inflação.

Revoltas camponesas (séculos XIV e XV).

Os camponeses exigiam um pagamento mais elevado pelo trabalho. Os senhores, com o apoio dos reis, procuraram aumentar a pressão sobre os lavradores, forçando-os a permanecer no campo ou exigindo deles mais serviço em troca de pouco pagamento. Em algumas regiões, pessoas livres se viram entregues a certas imposições scrvis. Para piorar ainda mais a situação, o peso dos tributos devidos aos reis não parou de aumentar. Os momentos mais comuns de revolta camponesa eram aqueles em que a carga tributária tendia a crescer.

Não devemos, portanto, considerar os movimentos camponeses como acontecimentos muito diferentes daqueles ocorridos nas áreas urbanas. Na Idade Média, cidade e campo não estavam tão separados quanto hoje. O que acontecia na cidade afetava em geral o campo e vice-versa. Quando uma cidade se rebelava, as aldeias vizinhas também entravam em estado de rebelião. Muitas agitações rurais espalhavam-se por inúmeras aldeias, tornando-se revoltas mais amplas e estimulando a insubordinação de cidades.

A FÚRIA DOS CAMPONESES FRANCESES

Vejamos, por exemplo, o que ocorreu na região de Flandres.

Entre 1323 e 1328, ao mesmo tempo em que a agitação dos artesãos cresceu nas cidades, uma grande revolta camponesa tomou conta de todo o condado. Esse movimento ficou conhecido como Revolta dos Karls, nome utilizado em Flandres para identificar os homens do campo.

Outra grande revolta ocorreu em 1358, na época em que Estevão Marcel controlava a cidade de Paris, como vimos no capítulo 8. O movimento ficou conhecido como *Jacquerie*. Os homens do campo usavam costumeiramente uma

Ilustração do livro *Les très riches heures du Duc de Berry*, 1412-1416. A imagem sugere a estratificação no mundo rural: à frente, os camponeses realizam o trabalho agrícola; ao fundo está o castelo senhorial, ocupado pela nobreza.

roupa curta chamada, na França, de *jacque* (daí a palavra "jaqueta"); por isso ganharam o apelido de *jacques*.

A *Jacquerie* começou em 1358 na região de Creuil, nas proximidades de Paris. O alvo dos rebeldes foi, sem dúvida, a nobreza. A duração do movimento não foi extensa: apenas catorze dias. Nessas duas semanas, contudo, uma verdadeira guerra tomou conta das aldeias de Beauvais, da Picardia e da Normandia, no centro e no norte do reino. A violência dos *jacques* apavorou os nobres da época. Há notícias de massacres, estupros e outras atrocidades cometidas na época do levante. Eis um depoimento da época a respeito dos fatos que se sucederam durante a revolta:

> E quando os *jacques* se viram em grande número, persegui-ram os homens nobres, mataram vários e ainda fizeram pior [...]. Na realidade, mataram muitas mulheres e crianças nobres [...]. Estes *jacques* vieram até Gaillefontaine, a condessa de Valois, que aí estava, desconfiou deles, fez-lhes boa cara e mandou dar-lhes víveres. Porque eles estavam acostumados a que, pelas cidades e lugares por onde passavam, as pessoas, mulheres e homens, pusessem as mesas nas ruas; aí comiam os *jacques* e depois passa-vam adiante, incendiando as casas dos gentis-homens [...].
>
> (*Chronique des quatre premiers Valois*. Citado por PEDRERO-SANCHEZ, M.G. *História da Idade Média:* textos e testemunhas. São Paulo: Edunesp, 2000. p. 203.)

Um nobre é atacado por camponeses durante a *Jacquerie*. Observe que as armas utilizadas não são de guerra, mas machados, ferramentas de trabalho no mundo rural. Ilustração das *Chroniques de Jean Froissart*, século XV.

© Album/Oronoz/Latinstock – Biblioteca Nacional da França, Paris

Inicialmente não havia líderes. Depois começaram a aparecer chefes locais dos rebeldes. O mais famoso, que se tornou representante geral dos rústicos, chamava-se Guilherme Carle. Provavelmente era um ex-soldado. Assumindo o comando geral, entrou em entendimentos com Estevão Marcel. O plano de ambos era conduzir os revoltosos para dentro de Paris.

Naquele momento a popularidade de Marcel declinava. O príncipe e regente Carlos estava se preparando para enfrentar o líder dos comerciantes. Marcel sentia o poder escapar de suas mãos. A revolta camponesa poderia ajudá-lo a recuperar a liderança na capital. A *Jacquerie*, portanto, acabou sendo utilizada na defesa dos interesses do representante dos mercadores parisienses.

O plano de Marcel e de Guilherme Carle foi por água abaixo. Carlos, o Mau, rei de Navarra, organizando e chefiando tropas de nobres, enfrentou e venceu os rebeldes. Milhares de camponeses foram passados ao fio da espada. O comportamento dos nobres foi bastante semelhante ao dos *jacques*. O grito de "morte aos

Massacre de revoltosos durante a *Jacquerie* em Meaux. Ilustração das *Grandes Chroniques de France*, século XV.

vilãos" tornou-se o hino de batalha da nobreza e a violência da repressão gerou terror nos homens do campo.

Outra modalidade de rebeldia camponesa era o banditismo. Vítimas de ataques constantes dos soldados ingleses que lutavam contra a França, ou da brutalidade dos mercenários a serviço do rei, parte dos camponeses resolveu reagir utilizando os mesmos recursos violentos.

No norte, apareceram bandos de salteadores, conhecidos pelo nome sugestivo de "esfoladores". Esses grupos de camponeses tinham sido expulsos da terra em que viviam, em virtude das violências da guerra e da crise do sistema feudal.

No sul, entre 1360 e 1384, circularam vários grupos de salteadores, designados na época pelo nome genérico de *Tuchins*, isto é, homens dos bosques. Atacavam mosteiros, castelos, propriedades, viajantes, religiosos. Cada bando tinha seu próprio líder. A agitação dos *Tuchins*, portanto, não pode ser considerada uma revolta como as demais, mas sim um movimento de marginalização social, desembocando no banditismo.

A REVOLTA CAMPONESA INGLESA

A maior revolta rural da Idade Média ocorreu na Inglaterra, em 1381, sob o governo de Ricardo II. Sua importância reside no fato de um grande número de comunidades ter aderido à revolta, além de ter sido uma das poucas em que se percebe um certo planejamento. Talvez por isso os vilãos ingleses tenham tido, ao menos por algum tempo, maior sucesso que os insatisfeitos de outros reinos.

A causa imediata da revolta esteve mais uma vez ligada aos impostos. Entre 1377 e 1380, o Parlamento inglês autorizou por três vezes a cobrança de um imposto geral "por cabeça", chamado *poll tax*. O descontentamento, portanto, era grande.

A rebelião, porém, se alastrou por outros motivos. A situação dos trabalhadores havia piorado desde a criação do Estatuto dos Trabalhadores. A guerra contra a França custara muito dinheiro. O descontentamento aumentava ano a ano. Um grande número de lavradores continuava na condição de servos, sofrendo ainda mais com a situação de dificuldade geral. Isso foi percebido pelos próprios contemporâneos, como se pode notar nas palavras do cronista Jean Froissart:

Essa gente miserável começou a se sublevar porque alguns diziam que eram mantidos em grande servidão e que, no começo do mundo, não havia servos [...] [viam-se como] homens livres semelhantes aos seus senhores e não como bestas [...] motivo pelo qual não queriam mais sofrer. Pelo contrário, eles desejavam ser iguais e, se trabalhassem ou prestassem algum serviço para os senhores, queriam receber salários.

(FROISSART, J. *Chroniques*. Citado por GLENISSON, J. e DAY, J. *Textes et documents d'Histoire du Moyen Âge*. Paris: Sedes, 1970. p. 182.)

Torre de Londres, castelo medieval e prisão.

Podemos dizer, então, que a cobrança de impostos serviu de causa imediata, mas outros motivos mais profundos estimularam os rústicos ingleses a pegar em armas.

A sublevação começou em 30 de maio de 1381 e durou aproximadamente um mês e meio até ser reprimida pelas autoridades. Os camponeses e artesãos engrossaram o volume dos insatisfeitos iniciais. Watt Tyler, ex-soldado na Guerra dos Cem Anos, e John Ball, um padre rebelde, assumiram a liderança geral do movimento. Sob orientação dos líderes, os rústicos entraram na capital do reino, saqueando palácios, casas de nobres e ricos, queimando documentos fiscais e listas de dívidas.

Ricardo II, então com apenas catorze anos, teve de conversar com os súditos insubordinados. Ouviu os protestos e as reivindicações: pediam que a servidão acabasse, que os impostos pagos aos senhores fossem fixos e uniformes, que houvesse liberdade na compra e venda de produtos e na escolha do trabalho e do patrão, que todos os presos fossem libertados e houvesse um perdão geral a todos os rebeldes após o término da revolta.

Nesse primeiro encontro, Ricardo II procurou ganhar tempo. Depois de ouvir as reclamações, prometeu atendê-las. Não tinha outra saída. Os sublevados controlavam Londres, e as notícias de rebelião em outras partes do reino aumentavam.

O padre John Ball à frente dos rebeldes em Londres. Ilustração da obra *Chroniques*, de Jean Froissart.

Passado algum tempo, o rei e o chefe do levante, Watt Tyler, conversaram. Mas, quando Tyler se preparava para ir embora, um nobre do condado de Kent o matou. Foi o início do fim da rebelião.

As tropas leais ao rei, lideradas pelos nobres, aproveitaram o episódio do assassinato e entraram em ação. De julho a novembro, o movimento foi aniquilado. Líderes importantes, como Jack Straw, foram executados. Outros fugiram, foram presos ou exilados. As concessões feitas aos rebeldes foram anuladas. Somente no final do ano a caça aos rebeldes chegou ao fim. No dia 14 de dezembro, o rei autorizou uma anistia geral. Os nobres, temendo novas revoltas, não exigiram mais a corveia, facilitando a libertação dos servos mediante uma indenização.

Representação visual da morte de Watt Tyler, o líder da revolta camponesa inglesa, durante a entrevista com o rei Ricardo II. Ilustração da obra *Chroniques*, de Jean Froissart.

No século XV, na Inglaterra, praticamente não havia mais servos. O grande movimento de rebeldia, enfim, havia surtido efeito.

OS REMENSAS *ESPANHÓIS*

Na Espanha, não houve exatamente levantes de camponeses, mas estes se organizaram para lutar pela liberdade. Os conflitos nem sempre foram armados e sangrentos. A luta aberta explodia apenas nos momentos em que a tensão entre senhores e camponeses tornava-se muito forte.

Nos séculos XIII e XIV, os lavradores espanhóis caíram vítimas de uma série de exigências da parte dos nobres e religiosos. Legalmente, os senhores desenvolveram normas para impor obrigações pessoais extremamente pesadas aos camponeses. Muitos caíram em verdadeiro estado de servidão, principalmente no reino de Aragão.

Em 1391 havia entre 15 mil e 20 mil pessoas vivendo na condição de *remensas* — camponeses sujeitos ao pagamento de uma indenização em troca da liberdade pessoal. Portanto, *remensa* era a palavra usada na Espanha para designar a massa de servos dependentes. Esse imenso grupo vivia sob a opressão das imposições abusivas dos nobres, conhecidas como "maus costumes", como vimos no capítulo 3.

Desde 1380 os *remensas* tentaram se organizar para reivindicar o fim dos "maus costumes". Nos anos 1409 e 1413, houve conflitos locais entre agricultores e nobres. Estes tentaram pressionar o rei para que ele proibisse a organização dos camponeses. Entretanto, não conseguiram impedir o surgimento de representantes dos *remensas* até mesmo no palácio real.

Certos juristas apoiavam os camponeses. Os reis de Aragão tentaram legalmente acabar com os "maus costumes", mas a criação da lei dependia da aprovação das cortes — assembleias do reino compostas de nobres e religiosos, isto é, dos proprietários, que não queriam abrir mão dos seus privilégios.

Os conflitos tornaram-se mais violentos de 1450 em diante. Em 1462 os homens do campo decretaram guerra contra os senhores. Veja a seguir dois dos vários itens da tentativa de acordo proposta pela monarquia para resolver a luta dos camponeses contra os "maus costumes" aplicados pelos senhores da região da Catalunha:

VI - Que seja suprimido o direito de maltratar o camponês:

Item, em muitas partes do dito principado da Catalunha, alguns senhores pretendem e observam que os ditos camponeses podem justa ou injustamente ser maltratados à sua inteira vontade, mantidos em ferros ou cadeia e frequentemente recebem golpes. Desejam e suplicam os ditos camponeses que isto seja suprimido e não possam ser mais maltratados por seus senhores, a não ser por meio da justiça.

© Museu de Arte da Catalunha, Barcelona

Camponeses espanhóis sob vigilância dos nobres. Detalhe de pintura catalã do século XV.

> Respondem os ditos senhores que estão de acordo no que toca aos senhores alodiais que não têm outra jurisdição, a não ser aquela que afirma que o dito senhor pode maltratar o vassalo.
>
> VII - Que a mulher do camponês não seja obrigada a deixar seu filho sem leite para alimentar o filho do senhor:
>
> Item, acontece às vezes que, quando uma mulher do senhor pare, o senhor, à força, toma alguma mulher de um camponês como ama de leite sem pagamento nenhum, deixando o filho do camponês morrer por não haver forma alguma de dar ao dito filho leite de outra parte, do qual se segue grande dano e indignidade, e assim suplicam e desejam que isto seja suprimido.
>
> Respondem os ditos senhores que estão de acordo e outorgam o que lhes é pedido pelos ditos vassalos no dito capítulo.
>
> (Capítulos do *Projeto de Concórdia entre os payeses de remensa e seus senhores*. Citado por PEDRERO-SANCHEZ, M. G. *História da Idade Média*: textos e testemunhas. São Paulo: Edunesp, 2000. p. 108-109).

O acordo, entretanto, não se concretizou, e houve pelo menos dez anos de luta armada. O problema *remensa* só foi resolvido definitivamente em 1486, quando o rei Fernando de Aragão criou uma lei abolindo os "maus costumes". Depois de cem anos de reivindicação, os camponeses espanhóis ganharam legalmente o direito de ser livres.

Concedemos atenção especial às revoltas camponesas ocorridas na França, Inglaterra e Espanha nos séculos XIV e XV. Isso não quer dizer que tenham ocorrido apenas nesses países. Nesses duzentos anos ocorreram movimentos camponeses em toda a Europa, incluindo o leste. Essas manifestações, multiplicadas no tempo e no espaço, são mais que simples fatos isolados. Apontam, pelo contrário, sintomas claros da crise generalizada do sistema feudal. As armas dos camponeses fizeram verter sangue, sem dúvida. Ao mesmo tempo, todavia, fizeram tremer os pilares de sustentação do sistema secular que os oprimia.

11. Os miúdos e a Revolução de Avis

NÃO PODERÍAMOS DEIXAR DE DEDICAR um capítulo especial aos problemas sociais de Portugal. A importância dos portugueses na formação brasileira justifica em parte a nossa preocupação. Portugal não estava desvinculado do contexto histórico que estamos examinando, como tivemos a oportunidade de

Reinos da Península Ibérica (século XIII).

ver rapidamente no capítulo 7. Vale a pena, portanto, verificar como os grupos sociais portugueses se comportaram em relação à situação de crise social que afetava basicamente todo o continente europeu.

De fato, tal qual os outros países, Portugal teve os seus momentos de agitação e tensão social. O mais importante deles, sem dúvida alguma, ocorreu em 1383. Nesse ano aconteceu o que os historiadores chamam de Revolução de 1383 ou Revolução de Avis. Vejamos quais as implicações sociais desse processo e especialmente o posicionamento das camadas populares em relação a ele.

UMA SOCIEDADE EM TRANSFORMAÇÃO

Assim como nos demais reinos europeus, havia no Portugal do século XIV regiões em que predominavam as atividades rurais e regiões em que as atividades urbanas eram predominantes.

Podemos dizer que, no norte, a agricultura e a pecuária constituíam fontes básicas de sustentação da nobreza. A servidão praticamente inexistia, mas os camponeses continuavam a prestar os seus serviços aos proprietários agrícolas.

Já no centro e no sul, a situação era um pouco diferente. Aí também se desenvolviam atividades ligadas à agricultura e à pecuária, mas a forma de exploração do trabalho era diferente.

A burguesia portuguesa ganhava espaço significativo na organização social, constituindo o grupo dominante nessas regiões. Muitos camponeses escaparam da opressão senhorial para cair na dependência econômica da burguesia, transformando-se em assalariados. O trabalho do campo, desenvolvido por pastores — criadores de cabras e ovelhas — ou por pequenos lavradores sem terra, começou a ser pago em dinheiro.

O acúmulo de poder e riqueza da burguesia se devia ao aumento de importância do comércio, das operações financeiras e da produção artesanal urbana. Nas grandes cidades, como Porto, Coimbra e principalmente Lisboa, a influência dos cavaleiros mercadores ou dos "cidadãos honrados" cresceu imensamente. O povo pequeno, composto de artesãos e operários não qualificados, chamados de "peões" ou "arraia-miúda", mantinha-se sob a dominação dos grandes.

A situação das camadas populares piorou na segunda metade do século XIV. Como os outros reinos, Portugal sofreu uma baixa demográfica em decorrência

© Museu Nacional de Arte Antiga, Lisboa

Os grupos que detinham posição de poder na sociedade portuguesa aparecem luxuosamente retratados nos painéis pintados a óleo por Nuno Gonçalves, no século XV. Note as diferenças de vestuário dos altos membros da Igreja e dos membros da nobreza.

© Andre Gonçalves/Shutterstock

Vista das muralhas da cidade de Montemor-o-Velho, que remonta ao século XIV.

das epidemias. A valorização real do preço da mão de obra ocasionou aumento de tensão entre ricos e pobres. Os reis e as assembleias do reino tentaram contornar o problema, tabelando os salários e obrigando os trabalhadores a não abandonar o serviço.

Realmente, após 1350 cresceu o número de migrantes, mendigos e vagabundos no reino. Alguns abandonaram o campo para viver de esmolas em Lisboa ou no Porto. Outros até se disfarçavam de religiosos para poder suplicar ajuda sem medo das autoridades. Em 1375, sob o governo de dom Fernando, foi criada a famosa Lei das Sesmarias, nome dado às propriedades agrárias. Com essa lei, todos os vilãos que possuíssem bens de valor inferior a 500 libras ficavam obrigados a trabalhar na agricultura. Eis um trecho dela:

> Mandamos que quaisquer que assim forem encontrados, tanto homens quanto mulheres que andam em bandos como mendigos, não fazendo outra coisa, sejam vigiados e aprisionados pelas justiças de cada lugar. E se forem considerados aptos para o trabalho [...] sejam obrigados a servir naquelas obras em que as ditas justiças ou aqueles que para isso estiverem autorizados acharem que possam servir, recebendo soldo segundo o merecimento, de modo que ninguém em nosso senhorio viva sem profissão, sem trabalho e sem fontes de proveito.
>
> (*Lei das Sesmarias.* Citada por MORENO, H. B. *Marginalidade e conflitos sociais em Portugal nos séculos XIV e XV.* Lisboa: Presença, 1985. p. 48.)

UM GOVERNO CONTURBADO

As tensões sociais ganharam intensidade durante o governo de dom Fernando, último rei da dinastia de Borgonha. A inimizade entre os portugueses e os castelhanos deu origem a vários conflitos armados, algumas vezes catastróficos para todo o reino. A guerra contra os castelhanos causou prejuízos às atividades dos burgueses e insegurança aos pobres. Até Lisboa foi alvo de ataque.

Representação do bom e do mau juiz, num afresco da casa de governo da cidade de Monsaraz, século XIV. Observe que atrás do bom juiz estão os anjos, e atrás do mau juiz, um demônio.

O governo conturbado e impopular de dom Fernando, somado às dificuldades geradas pela conjuntura de crise já assinalada anteriormente, contribuiu para estabelecer um estado geral de descontentamento. As agitações tomaram conta do reino, explodindo revoltas nas cidades de Abrantes, Leiria, Portel e Santarém, contidas com muito esforço pelos funcionários da monarquia.

No final da vida, o rei firmou um tratado de paz com o inimigo, dando a mão da própria filha, dona Beatriz, em casamento ao rei de Castela, dom Juan I.

Após a morte de dom Fernando, em 22 de outubro de 1383, o ocupante legítimo do trono deveria ser o filho de dona Beatriz e de Juan I. Desse modo a independência de Portugal ficava condenada, e um dia o reino viria a ser governado por um rei castelhano. Até que isso ocorresse, a rainha, dona Leonor Teles, assumiria o cargo de regente de Portugal.

A ideia de um reino governado pelo rei de Castela não incomodava a nobreza, ligada tradicionalmente por laços familiares aos castelhanos. Mas os comerciantes portugueses e o povo pequeno não gostaram nem um pouco. A união dos dois reinos iria subordinar Portugal a Castela.

Retrato de dom João I, fundador da dinastia de Avis.

Monumento em homenagem a Nuno Álvares Pereira, na cidade portuguesa de Batalha.

Representação da Batalha de Aljubarrota. Ilustração da *Chronique d'Angleterre*, de Jean de Wavrin, século XV.

Durante a regência da rainha, estourou em Lisboa uma importante rebelião. Conduzidos por Álvaro Pais, líder dos burgueses, os habitantes ganharam as ruas, aclamando dom João, o Mestre de Avis, como rei. Esse era irmão bastardo de dom Fernando. Uma parte da nobreza, representada por Nuno Álvares Pereira, passou para o lado dos defensores de dom João. A rainha teve de abandonar Lisboa, pedindo socorro aos castelhanos.

Apoiado pela burguesia, por uma parte da nobreza e pelas camadas populares, dom João obteve vitórias significativas contra seus inimigos. Em 1384, castelos e comunidades sob o controle de partidários de dona Leonor Teles foram conquistados. Os castelhanos, por sua vez, foram derrotados definitivamente em 1385, na Batalha de Aljubarrota. Daí em diante, os herdeiros de dom João tornaram-se os novos soberanos do reino português.

A PARTICIPAÇÃO POPULAR NA REVOLUÇÃO DE AVIS

Sem dúvida, os líderes das modificações políticas ocorridas foram a burguesia e a nobreza. Os grandes beneficiados com a ascensão da dinastia de Avis foram os comerciantes. A gente-miúda, todavia, também desempenhou o seu papel no desenrolar dos acontecimentos.

Em Lisboa, primeira cidade a se rebelar, a população saiu às ruas em apoio ao novo rei. A violência da irrupção popular amedrontou os próprios chefes da revolução. O bispo de Lisboa acabou sendo assassinado em meio à fúria da massa. Casas e propriedades dos poderosos foram atacadas. Os judeus, extremamente odiados, tanto por motivos religiosos (não eram cristãos) como econômicos (praticavam o empréstimo a juros), escaparam por pouco do massacre. O próprio rei teve de ir ao encontro dos populares e acalmar a agitação.

A violência popular se fez sentir em outros momentos. Aproveitando-se do clima geral de revolta, os artesãos resolveram expulsar ou dominar os seus antigos senhores. Na cidade de Évora, os "pequenos" venceram os nobres e até mesmo os chefes burgueses. Surgiram líderes populares na cidade, como o pastor Gonçalo Eanes e o alfaiate Vicente Anes, que assumiram temporariamente o controle da comunidade. Eis o que nos diz o cronista Fernão Lopes a esse respeito:

Em Vila Viçosa, a população aprisionou o senhor da comunidade, Vasco Porcalho. Nas proximidades da cidade de Beja, os camponeses revoltaram-se contra um importante senhor local, João Mendes de Vasconcelos, acusando-o de apoiar a rainha, dona Leonor Teles. Chefes populares, como Gonçalo Ovelheiro e o escudeiro Gonçalo Nunes d'Alvellos, passaram a governar a localidade.

Dessa forma, apesar de a Revolução de Avis não ter brotado das camadas populares, recebeu o seu apoio. Em nome da nova ordem que se tentava instaurar, a gente-miúda procurou alterar o quadro de dependência em que vivia, vendo nos antigos senhores os primeiros inimigos a atacar.

A existência desses movimentos de caráter popular preocupou os dirigentes da revolução. Nem dom João nem seus amigos desejavam que a revolta se transformasse numa espécie de *Jacquerie*, isto é, contra a nobreza. O rei rebelde enviou tropas às localidades em que a situação estava fora da normalidade. O chefe das tropas era Nuno Álvares Pereira e com elas estavam os prejudicados pelo alvoroço da população. Nobres e burgueses fiéis ao novo rei voltaram a assumir o controle dos municípios.

É possível dizer que a revolução teve apoio popular, porém sempre esteve longe de representar os interesses populares. Apesar de personagens fundamentais na trama, as camadas populares foram constantemente vigiadas e controladas em seus "excessos".

Apesar disso, o novo governo concedeu certas melhorias às camadas mais baixas da população. Numa carta de 1º de abril de 1384, o Mestre de Avis garantiu alguns direitos aos habitantes de Lisboa. A partir dessa data, o povo ganhou maior direito de participação na administração da comunidade, incluindo representação no conselho do reino. A forma de cobrança de impostos sofreu modificação: eles passaram a ser pagos de acordo com a riqueza de cada um. Os mais pobres ficaram isentos.

No campo, as reivindicações dos trabalhadores não pararam de ocorrer. Em 1391 o tabelamento dos salários, obrigatório de acordo com antigas leis, deixou de vigorar. Na realidade, a atuação das camadas populares deu algum resultado.

© Mfoto/Shutterstock

Vista panorâmica da cidade de Lisboa, Portugal.

12. A atualidade dos movimentos populares

DE ACORDO COM UM GRANDE ESTUDIOSO de história, Fernand Braudel, a posição do historiador diante dos assuntos que estuda é bastante cômoda. Observando a história a partir do presente, é possível conhecer de antemão o resultado dos fatos ocorridos. Entre as forças em conflito, já se sabe quem terá êxito, distinguindo antecipadamente os acontecimentos importantes, suas consequências e a quem sorrirá o futuro.

Então, por que estudar os movimentos populares medievais se já sabemos de antemão que, de todos os grupos sociais existentes na Idade Média, o grande beneficiado foi a burguesia? Que a crise e o desaparecimento do sistema feudal na Europa ocorreram conjuntamente com o fortalecimento do sistema capitalista? Que, nos dois sistemas, as camadas populares permaneceram na condição de oprimidos? Se é assim, por que insistir na visão dos vencidos?

O próprio Braudel nos fornece parte da resposta: "É necessário que os historiadores remem à contracorrente, reajam contra as facilidades de seu ofício, que não estudem apenas o progresso, o movimento vencedor, mas também seu contrário, essa multiplicação de forças contrárias que não foram interrompidas sem dificuldades [...]". (*Escritos sobre a história*. São Paulo: Perspectiva, 1978.)

RESGATANDO AS SEMELHANÇAS COM O PASSADO

Braudel não estava se referindo aos movimentos populares nesse trecho, mas suas palavras também cabem nesses casos. Na história, não há apenas vencedores. Quanto mais insistirmos na perspectiva dos dominantes, mais estaremos contribuindo para reforçar as relações de poder em nosso presente. Ao mesmo tempo, não basta saber da existência dos dominados. É preciso verificar as condições reais em que a dominação ocorreu ou ocorre e, principalmente, insistir na perspectiva das manifestações populares.

Não podemos, apesar de tudo, pensar a história como se fosse uma equação matemática: dominantes *versus* dominados é igual a revoltas. Os problemas sociais nunca são tão simples; nem sempre se reduzem a esquemas exatos e imutáveis. Se não houvesse mudança nos processos históricos, por que estudá-los? As lutas ocorrem dentro de contextos, na maior parte das vezes, divergentes. Os resultados, da mesma forma, nem sempre são parecidos.

© Museu do Prado, Madri

A repressão aos movimentos populares pelas forças armadas a serviço dos governantes continua a ocorrer em nossa sociedade. Pintura de Francisco de Goya, em que aparece retratada a execução dos defensores da cidade de Madri por tropas francesas em 1808.

Em 1848, movimentos insurrecionais ocorreram em diversos países da Europa, naquilo que ficou conhecido como "A primavera dos povos". Na litografia pode-se ver a movimentação das barricadas populares nas ruas de Berlim, Alemanha.

Estudar a história, portanto, implica sempre a busca de semelhanças e diferenças. É do questionamento que fazemos a respeito do presente que surgem questões básicas acerca do passado. Perguntar, nesse caso, é fundamental.

Nas páginas iniciais deste livro formulamos algumas questões e esperamos que o conteúdo apresentado tenha sido suficiente para fornecer as respostas. Vimos como vivia a sociedade daquela época, os camponeses, os artesãos, os trabalhadores urbanos. Vimos também como a população em geral se manifestou contra a dominação e a opressão dos poderosos. Qual o significado histórico dessas lutas? Até que ponto elas se parecem com as lutas das camadas populares atuais?

Basta ler os jornais ou assistir aos telejornais para verificar que atualmente a população continua a expressar o inconformismo em face de determinações que considera abusivas, injustas e opressivas. Casos recentes não faltam. Lembremos do movimento estudantil ocorrido no final da década de 1960 na Europa, na Ásia e na América (até no Brasil) e do abalo que causou nas estruturas do poder. O lema adotado pelos jovens — "É proibido proibir" — continua vivo em nossa memória.

Manifestação de operários no final do século XIX, no óleo sobre tela do pintor italiano Giuseppe Pelliza da Volpedo.

Quem pode se esquecer das manifestações populares no final do século XX que culminaram com a queda do Muro de Berlim e com a supressão das ditaduras socialistas do Leste Europeu, ou então a poderosa onda de protestos populares conhecida pelo nome de "primavera árabe", que nos anos 2010-2012 derrubou governos ditatoriais na Tunísia, Egito, Líbia, Síria, Omã e Iêmen? Não se pode esquecer também da atuação de Organizações Não Governamentais (ONGs) ao longo das últimas décadas em defesa dos direitos humanos, em favor dos pobres e excluídos pelo sistema econômico internacional, contra os desequilíbrios ambientais.

No Brasil, as manifestações sociais contra o regime militar, que levaram, no início da década de 1980, ao movimento pelas "Diretas-já", o amplo movimento exigindo a renúncia do então presidente Fernando Collor, em 1992, assim como o movimento organizado das minorias raciais (negros, índios) e sexuais (mulheres, homossexuais) constituem exemplos da continuidade das manifestações populares em diferentes momentos, situações e contextos.

REFLETINDO AS DIFERENÇAS COM O PRESENTE

Como dissemos, há diferenças que nos parecem fundamentais entre os movimentos populares medievais e os atuais. Eles surgiram em contextos e estruturas muito distintas. Na Idade Média, as revoltas ocorreram dentro do sistema feudal, marcado pela profunda descentralização política.

© Coleção particular

Trabalhadores da Michigan Central Railroad são reprimidos pela polícia e o exército em 25 de julho de 1877, com 30 mortos e mais de 100 feridos. Ilustração da revista *Harper's Weekly*, 18 de agosto de 1877.

© The Granger Collection/Other Images – Coleção particular

Repressão policial contra os operários em 1º de maio de 1886 na cidade de Chicago, EUA. Para lembrar o acontecimento, o 1º de maio é comemorado anualmente e tornou-se referência de mobilização para os trabalhadores.

As relações de poder, nesse caso, eram ainda definidas por laços pessoais, o que dificultava a percepção das identidades de classe e a organização comum. Atualmente, no sistema capitalista, os diferentes grupos sociais encontram maiores possibilidades de se organizar e reivindicar coletivamente. Segundo o filósofo Henri Lefèbvre, a revolta é um ato cego, desesperado; a reivindicação organizada significa, pelo contrário, que os oprimidos compreendem que uma determinada situação pode e deve ser superada.

Os movimentos sociais atuais possuem organização, planejamento e objetivos políticos bem definidos. Os operários encontram-se organizados em sindicatos de categoria profissional e confederações, isto é, agrupamentos mais vastos, de representação nacional e internacional. O mesmo ocorre com os empresários e patrões, integrados em amplas associações representativas. Os partidos políticos, as organizações dos estudantes, das mulheres, dos negros, dos índios e outras tantas possuem em geral as características do grupo que representam. Muitas outras formas de organização e acesso a informação política têm sido facilitadas pelo uso das redes sociais na internet. Cada grupo tem consciência da totalidade em que está inserido (regime político, sociedade, sistema econômico), articulando-se em defesa dos interesses próprios e opondo-se às determinações que possam prejudicá-lo.

Trabalhadores rurais filiados à Confederação Nacional dos Trabalhadores na Agricultura (Contag) fazem passeata em Brasília contra a diminuição da meta de assentamentos rurais (2011).

Garimpeiros de Serra Pelada são monitorados pelo pelotão de choque da Polícia Militar em manifestação para disputa pelo poder da cooperativa dos garimpeiros (2002).

© Antônio Gaudério/Folhapress

Os movimentos populares medievais, ao contrário, raramente possuíam objetivos políticos claros. Salvo exceções, os revoltosos não apresentavam uma organização durante o desencadeamento das manifestações. Os chefes emergiam no desenrolar dos acontecimentos e quase nunca exerciam liderança sobre todos os insurretos. Isso facilitava ainda mais a repressão e a dispersão das revoltas.

É interessante notar, por exemplo, que grandes rebeliões ocorreram nos momentos de dificuldade temporária dos governantes. A revolta de Estevão Marcel e a *Jacquerie* aconteceram quando o reino da França estava sob ocupação inglesa e com o rei aprisionado. A *Harelle* e a revolta dos *Maillotins* explodiram no início do governo de Carlos VI, quando este ainda não havia se firmado no poder. A grande revolta camponesa inglesa ocorreu quando o monarca Ricardo II tinha apenas catorze anos.

A natureza dos levantes explica em parte a sua duração. Apesar da violência, duravam pouco tempo. A ausência de organização e planejamento, assim como a repressão, impedia o fortalecimento e a continuidade. Um exemplo disso foi a revolta dos operários florentinos, os *ciompi*, que controlaram o governo da cidade por algum tempo. A falta de entendimento entre os chefes do movimento facilitou a reação da elite, que pouco antes havia sido afastada do poder.

Apresentamos dezenas de sublevações ocorridas na Europa, especialmente durante os séculos XIV e XV. Entre 1350 e 1385, uma verdadeira torrente de revoltas atingiu vários reinos, porém nenhuma delas influenciou ou foi influenciada por outra. Foram manifestações isoladas, limitadas no espaço, sem comunicação.

Manifestação de representantes de movimentos sociais durante o Fórum Social Mundial em Belém, no Pará, em 2009.

Esses aspectos indicam bem as possibilidades de organização dos movimentos populares medievais. Eles não possuíam caráter reformador nem revolucionário. Os camponeses e os artesãos sublevaram-se contra os senhores ou contra a realeza, sem perceber a estrutura de poder que os envolvia: o sistema feudal. Não pretendiam, por causa disso, modificar ou suprimir o feudalismo. As lutas ocorreram no momento de crise do sistema, e elas colaboraram, sem dúvida, para enfraquecê-lo, embora a população não tivesse consciência disso. As manifestações eram o sintoma, não a causa da crise.

Hoje, apesar de as sociedades modernas possuírem melhor organização, será que os desequilíbrios sociais deixaram de existir? Na verdade, os contrastes entre uma minoria dominante, detentora do poder econômico, e a grande maioria da população, carente e oprimida, continuam a ocorrer em escala mundial. Diante dessa situação, quais as perspectivas de mudança? Qual o papel de cada cidadão em face dessas desigualdades?

Não podemos esquecer que o homem é o agente transformador da história. Portanto, é por meio de manifestações, reivindicações e participação ativa que o povo, no exercício da cidadania, assumirá o seu lugar na história.

Cronologia

1302	Vitória dos artesãos de Flandres na Batalha de Courtrai.
1315	Grande fome na Europa.
1323	Insurreição dos camponeses no condado de Flandres.
1337	Início da Guerra dos Cem Anos.
1348	Peste negra flagela a Europa.
1355	Sublevação dos artesãos em Florença e Siena (Itália).
1356	Derrota da cavalaria francesa na Batalha de Poitiers.
	Agitações em Toulouse, Ruão e Arras (França).
	Ascensão de Estevão Marcel nos estados-gerais.
1358	Insurreição camponesa – *Jacquerie* (França).
1368	Agitações dos tecelões em Florença.
1370	Revolta dos tintureiros em Florença.
1374	Ascensão dos artesãos de Lubeck ao governo municipal (Império Germânico).
1378	Levante em Puy e Nîmes (sul da França).
	Revolta dos *ciompi* em Florença.
	Agitação popular em Dantzig (Império Germânico).
1379	Levante em Montpellier (sul da França).
1380	Agitações em Bruges e Gante, no condado de Flandres.
	Manifesto contra as "ajudas" em Paris.
	Início do movimento *remensa* na Espanha.
1381	Revolta camponesa inglesa.
1382	Levante em Béziers (sul da França).
	Harelle em Ruão (norte da França).
	Revolta dos *Maillotins* em Paris.
	Derrota dos artesãos de Flandres na Batalha de Roosebecke.
1383	Revolução de Avis em Portugal.
1396	Artesãos assumem o governo de Colônia (Império Germânico).
1413	Revolta dos açougueiros em Paris.
1417	Sublevação dos camponeses das proximidades de Paris.
1432	Insurreições camponesas na Saxônia, Silésia e Brandenburgo (Império Germânico).
1436	Movimento Hussita na Tchecoslováquia.
	Revolta da cidade de Lyon (França).
1525	Sublevação geral dos camponeses alemães.

Bibliografia

ARAGONENSIS, M. J. *Los movimientos y luchas en La Baja Edad Media*. Madrid: Instituto Balmes de Sociología, 1949.

COELHO, A. B. *A revolução de 1383*. Lisboa: Caminho, 1981.

DUBY, G. *Senhores e camponeses*. São Paulo: Martins Fontes, 1989.

DYER, C. *Niveles de vida en La baja Edad Media*. Barcelona: Crítica, 1991.

FOSSIER, R. *La sociedad medieval*. Barcelona: Crítica, 1992.

FOURQUIN, G. *Les soulèvements populaires au Moyen Âge*. Paris: PUF, 1972.

GILI, P. *Cidades e sociedades urbanas na Itália*. Campinas: Unicamp, 2011.

GIMPEL, J. *A Revolução Industrial na Idade Média*. Mem Martins: Publicações Europa--América, 1982. (Colecção Saber.)

GOGLIN, J.-L. *Les misérables dans l'Occident médiéval*. Paris: Seuil, 1976.

HEERS, J. *O trabalho na Idade Média*. Mem Martins: Publicações Europa-América, 1965.

HILTON, R. *Conflictos de clases y crisis del feudalismo*. Barcelona: Critica, 1988.

LE GOFF, J. *O apogeu da cidade medieval*. São Paulo: Martins Fontes, 1992.

MOLLAT, M. *Os pobres na Idade Média*. Rio de Janeiro: Campus, 1989.

_____;WOLFF, P. *Ongles bleus, jacques et ciompi*. Paris: Calmann Levy, 1970.

MORENO, H. B. *Marginalidade e conflitos sociais em Portugal nos séculos XIV e XV*. Lisboa: Presença, 1985.

_____. *Exilados, marginais e contestatários na sociedade portuguesa medieval*. Lisboa: Presença, 1980.

REVILLE, A. *Le soulèvement des travailleurs d'Angleterre*. Paris: A. Picard, 1898.

VERCAUTEREN, F. *Luttes sociales à Liège*. Bruxelas: La Renaissance du Livre, 1946.